重庆文理学院市级特色专业"体育教育"建设成果

体育教师教育的自学研究

探索实践与理论之间的相互作用

［新西兰］ 艾伦·欧文（Alan Ovens）

［加］ 蒂姆·弗雷彻（Tim Fletcher） 著

徐泉森 译

北京理工大学出版社

BEIJING INSTITUTE OF TECHNOLOGY PRESS

图书在版编目（CIP）数据

体育教师教育的自学研究：探索实践与理论之间的相互作用／
（新西兰）艾伦·欧文，（加）蒂姆·弗雷彻著；徐泉森译. —北京：
北京理工大学出版社，2020. 5
书名原文：Self – Study in Physical Education Teacher Education——
Exploring the interplay of practice and scholarship
ISBN 978 – 7 – 5682 – 8382 – 3

Ⅰ. ①体⋯　Ⅱ. ①艾⋯　②蒂⋯　③徐⋯　Ⅲ. ①体育教育 – 教学研
究　Ⅳ. ①G807. 01

中国版本图书馆 CIP 数据核字（2020）第 062118 号

北京市版权局著作权合同登记号 图字 01 – 2017 – 3989 号
Translation from the English language edition：
Self – Study in Physical Education Teacher Education
Exploring the interplay of practice and scholarship
edited by Alan Ovens and Tim Fletcher
Copyright © Springer International Publishing Switzerland 2014
This Springer imprint is published by Springer Nature
The registered company is Springer International Publishing AG
All Rights Reserved

出版发行／北京理工大学出版社有限责任公司
社　　　址／北京市海淀区中关村南大街 5 号
邮　　　编／100081
电　　　话／（010）68914775（总编室）
　　　　　　（010）82562903（教材售后服务热线）
　　　　　　（010）68948351（其他图书服务热线）
网　　　址／http：//www. bitpress. com. cn
经　　　销／全国各地新华书店
印　　　刷／三河市华骏印务包装有限公司
开　　　本／710 毫米 ×1000 毫米　1/16
印　　　张／14. 5　　　　　　　　　　　　　责任编辑／张海丽
字　　　数／210 千字　　　　　　　　　　　文案编辑／张海丽
版　　　次／2020 年 5 月第 1 版　2020 年 5 月第 1 次印刷　责任校对／周瑞红
定　　　价／72. 00 元　　　　　　　　　　　责任印制／李志强

译者序

随着时代的发展，我国体育学科的国际化进程也加快了步伐。"走出去，请进来"成为了我国体育科学与世界接轨的重要方式。在走出去方面，大批学者到美国、俄罗斯、英国、日本等国家交流学习，在传播我国体育科学研究特色的同时，更是学习了国外丰富而多样的体育科学内容。在请进来方面，除了邀请国外知名体育专业来到我国进行交流指导外，更为重要的一点就是对于国外体育科学著作的译介。

近些年来，在我国众多学者的努力下，涌现出了许多国外优秀体育译介成果，为国内体育学人提供了放眼世界提供了重要窗口。但是对众多体育译著进行查阅时发现，大部分内容集中于介绍运动训练理论方面的成果，而对于国外体育教育方面研究讨论的著作则十分稀少。在一些国家的体育科学体系之中，体育教学有着重要的地位，是与运动训练学、运动生理学、运动医学等学科并驾齐驱的体育科学研究方向，在体育教育研究方面，有着极为先进的理论与实践。

笔者查阅国外相关体育教育书籍后，对本书英文版产生了关注，并初略阅读后发现，该书内容新颖，理论体系丰富，是一本难得的体育教育理论著作。恰逢重庆文理学院体育学院获批重庆市级特色专业建设点——体育教育的时机，所以笔者决定依托于特色专业建设，对该书进行翻译。本书出版的主要目的有：第一，通过本书翻译，深度探究国外体育教育研究的内容；第二，译著成果可以为我国体育教育研究提供新思路、新方法的借鉴；第三，通过了解国外优秀体育教育研究成果，可为体育教育教学改革探究出新路径。

在全书翻译过程中，得到了重庆文理学院副校长漆新贵教授的悉心指导。在进行具体工作中，得到了重庆文理学院体育学院唐建忠、李旻、袁高燕、王勇，教育学院孔庆波等党政领导的大力支持。同时，在相关专业翻译中得到了博士学习培养单位俄罗斯库班国立体育运动与旅游大学博士生导师 Y. K. Chernyshenko 教授、

V. A. BALANDIN 教授、S. M. AKHMETOV 教授的系统指导。吴春、李杜两位同学在翻译过程中给予了重要协助。在全书翻译完成后，朱赛霓老师对于全文进行了细致的校审工作，使全书的译介内容更加准确，从而保证了该译著的顺利出版。对于朱老师认真负责的态度与帮助表示由衷感谢。

致 谢

在感谢那些为此书用心撰稿的作者的同时，我们还要感谢为审阅本书各章做出诸多宝贵贡献的研究界诸位成员，他们是卡尔·阿塔尔德（Karl Attard）、特伦特·D·布朗（Trent D. Brown）、内森·布鲁贝克（Nathan Brubaker）、朱迪·布鲁斯（Judy Bruce）、肖恩·博尔洛科（Shawn Bullock）、阿什利·凯西（Ashley Casey）、布莱恩·克利夫特（Bryan Clift）、蕾妮·克利夫特（Renee Clift）、多恩·加比特（Dawn Garbett）、玛丽·林恩·汉密尔顿（Mary Lynn Hamilton）、克莱尔·科斯尼克（Clare Kosnik）、约翰·劳伦（John Loughran）、安·麦克菲尔（Ann MacPhail）、贾森·里特（Jason Ritter）、林恩·托马斯（Lynn Thomas）。我们还要感谢约翰·劳伦（John Loughran）在教师教育实践研究的自学研究工作上对学者们的不断支持，并鼓励我们编译此书。

关于编者

　　艾伦·欧文（Alan Ovens）目前在新西兰奥克兰大学课程与教育学学院担任首席讲师。他曾担任过学院内一系列职务，包括重要学部的副主任及教育、健康和体育教育集团的负责人，并代理体育教育学士课程的主任。他是上一任新西兰体育教育的主席（2006—2012 年），也是新西兰《体育教育》杂志的编辑。他一直是每两年举行一次的英格兰赫斯特蒙苏城堡自学会议的积极贡献者，并在最近举行的会议中被任命为 2014 年会议的联合主席及会议记录汇编的编辑。他也是 *Studing Teacher Education：A journal of self – study of teacher education practies* 杂志的国际顾问委员。他主要感兴趣的是自学研究的复杂性、教师教育教学法和方法论研究。

　　蒂姆·弗雷彻（Tim Fletcher）是加拿大布洛克大学运动学系的教授助理。最近，他在多伦多大学完成了教育学博士学位。蒂姆一直是城堡会议、自学研究社区和美国教育研究协会 S – STEP 特别利益集团，以及加拿大研究学会教育年会的一名活跃成员，他定期为教师教育研究做着贡献。与艾伦一样，他也是 *Studing Teacher Education：A journal of self – study of teacher education practies* 杂志的国际顾问委员，同时还是 *Physical Education* 和 *Sport Pedagogy* 杂志的编委。蒂姆的研究兴趣主要是教师教育者的社会化和认同、预备教师教育和自学实践。

作者介绍

卡尔·阿塔尔德（Karl Attard）是马耳他大学体育教育研究所的讲师及体育研究员。在拉夫堡大学获得教师专业发展的博士学位，以及体育教育学和教育领导领域的学士学位、硕士学位。他的主要研究包括预备教师的专业发展、预备教师和在职教师的培训、反思实践、教师研究、非正式工作场所学习、协作学习社区、叙事性探究和自学方法这几个方面。阿塔尔德先生专注于教师专业的发展，是多个科学会议委员会和欧洲教师教育协会发展研究中心的主席。

特伦特·D·布朗（Trent D. Brown）是澳大利亚莫纳什大学教育系的高级讲师。他的主要研究目的是推进实证、理论和哲学，洞察体育教育研究。最近他大部分的研究都在审查高级体育教育教师的工作制定及工作意图。布朗先生是 *Asia – Pacific Journal of Sport, Health and Physical Education* 编委，并于 2014 年开始担任 *Sport, Education and Society* 助理评论编辑。

朱迪·布鲁斯（Judy Bruce）在新西兰坎特伯雷教育学院授课，开设了体育教育、专业研究和体育教练讲座。他的研究范围涉及一系列跨学科研究，尤其是教育方面的评判研究。朱迪目前正在进行适用全球公民教育知识，服务于学习和体育教师教育实践的研究。

艾瑞·卡梅伦（Erin Cameron）是加拿大雷湾的雷克海德大学教育学院的博士生。她的教学和研究兴趣包括社会正义教育学、批判理论、女权主义理论、公共卫生、公共健康和体育教育。她的论文重点是为所有学生创造安全的学习空间（不论大小），并检测教学实践对打破体重歧视的有效性。

阿什利·凯西（Ashley Casey）是拉夫堡大学运动、锻炼和健康学院的讲师，也是利默里克大学教育学、体育辅助与运动科学系的高级讲师。曾作为体育教师，阿什利在博士生期间探索的是不断变化的体育教育实践，他还是反思和自学实践的倡导者。其他研究兴趣包括教师专业的发展、实践模型（包括学生学习和教师参与），以及有效利用体育领域的技术。他每周发一次博客（www. peprn. com），内容是关于理论与实践的结合以及如何与教学相结合。他还经常发推文至@ DrAshCasey。

瑞切尔·福克兹（Rachel Forgasz）是澳大利亚莫纳什大学教育学院的教师及研究人员。她目前的研究兴趣是具体化和情绪化的变换方式，虽然人类已经熟练掌握了这两种变换方式，但这两种方式也是教学和高等教育的重要知识形式。以表演的方式来体现教师和教育工作者参与实践、反思教学经验感受的形式，具有某种潜力，瑞切尔对此特别感兴趣。

多恩·加伯特（Dawn Garbett）是新西兰奥克兰大学的副教授及教师教育家，帮助幼教、小教和中学教师通过科学领域的课程。多恩是自学教师教育实践社区的活跃成员，专注于教师教育的创新教学法，以及高等教育的教学学术和学习。她对高品质的实践和研究型教学的坚持，让她获得了 2008 年的全国高等卓越教育优异奖，2012 年获得了学术实践研究的研究生毕业证书。

安·麦克菲尔（Ann MacPhail）是爱尔兰利默里克大学体育教育和运动科学系的系主任。她的教学研究主要是体育教师教育、体育教育课程和校园体育教学、学习及评估问题的发展。她是 *Physical Education and Sport Pedagogy* 杂志的副主编，也是 *Journal of Teaching in Physical Education* 的编委之一。最近，她与其他人共同撰写 *Research and Practice in Physical Education* 和 *Building Effective Physical Education Programs* 两本书。

迈克·W·梅茨勒（Michael W. Metzler）是美国佐治亚州立大学运动学与健康系教授，目前为健康和体育课程的本科生和研究生授课。梅茨勒博士在塔夫茨大学获得英语教育学士学位，在东斯特劳兹堡大学获得体育科学硕士学位，并在俄亥俄州立大学获得体育教育教师教育及应用行为分析博士学位。他的研究领域和学术包括教学和教学模式，以及重在评估的教师教育研究项目。他讲授的专业领域包括体育教育的教学模式、研究方法、教师授课方法的研究，以及体育教育的历史及原则。

玛丽·奥·沙利文（Mary O'Sullivan）在爱尔兰利默里克大学体育教育和运动科学系任教授，讲授体育教育和青年运动两门课程，并兼任利默里克大学 PEPAYS 研究中心联合主任。她是利默里克大学教育和健康科学学院的院长，返回爱尔兰之前是美国国立大学俄亥俄州立大学教育学院的副院长。她的主要兴趣是从政策和课程的角度，研究教师教育和教师专业的发展。现在，她正在与她的博士后学生合作，研究体育和教育政策对教师和学生的影响，开设了体育教育和性健康方面的课程。

理查德·提宁（Richard Tinning）是澳大利亚昆士兰大学人类运动学院教育学系教授，也是新西兰奥克兰大学课程与教育学院体育教育系教授。他的研究主要从社会批判的角度关注那些与知识、认同和 HPE 教师专业发展相关的问题。由于他在 20 世纪 80 年代末和 90 年代初所取得的工作成就，他一直是教育学发展这一主要领域的国际领导者。他的著作 *Pedagogy and Human Movement Research*，*Practice*，*Theory* 着重探讨跨教育学领域以及与身体活动、身体健康相关的人体运动。

目　录

第一章 在体育教育的实践中思考自学

那些拥有教学知识并能去探索、去运用的人，完全有能力去分辨、制造、消化知识，将知识理论化并传授给他人[1]。

第一章的各部分探讨了作者对体育教育自学方法的思考及如何打开体育教育研究的巨大潜在空间。三篇文章都是在教育学的背景下探索实践与理论的相互作用。论点认为自学研究是形式高度复杂的研究，包括在已有的实践知识中如何定位"人"，以及如何制定适合高度复杂、不确定的情况和具有一定教育背景的人的行为准则。

---

[1] LaBoskey, V. K. (2004). The methodology of self—study and its theoretical underpinnings. In J. J. Loughran, M. L. Hamilton, V. K. LaBoskey, & T. Russell(Eds.). International handbook of selfstudy of teaching and teacher education practices. (pp. 817 — 869). Dordrecht, The Netherlands: Kluwer.

自学研究：自我检视的艺术

艾伦·欧文（Alan Ovens）和蒂姆·弗雷彻（Tim Fletcher）

介　绍

本文主要论述体育教育自学研究的相关可能性问题。过去 30 年，自学研究作为教学探究及教师教育实践的创新方法，对它的思考周密而复杂。自学研究并不是做研究的形式，单纯地简化或减少教学的核心构成元素；也不是独立的观察者，它并没有把教学看作一个能被客观理解的过程。相反，自学研究灵活地体现了运动中个体的重要性，它将教学作为一种实践，正如我们所知晓的、所做的研究那样（Ham 和 Kane，2004）。实践研究的重点在于研究本身，而非调查方法（Loughran，2004），这一观点为研究的不确定性、非线性，以及教育学环境中固有的不可避免的"凌乱"性提供了理解方式。然而，探索体育教育的相关性绝不能直截了当地进行，我们并不清楚在自主研究的实践中应该着重研究方法，还是持着特定的研究态度来研究。尽管如此，自学研究已经吸引了许多研究人员，他们准备发展一种批判性的反思方法来理解自己独特的日常教学实践情况。

作为一种教育实践，体育教育越来越受到"新时代"的挑战（Kirk，2009；Tinning，2010）。对于教师和教育工作者来说，这些"新时代"具有异常复杂的特性，且注入了多重不相关参与者的约束。而这些特点也出现在越来越多的技术使用中：对研究生标准的关注增加，多种教育要求（包括健康和运动成绩的竞争），对校园教师工作期望增多，资金、设施和支持的减少，以及不断变化的文化更加个性化，

艾伦·欧文（Alan Ovens）

奥克兰大学，新西兰

邮箱：a. ovens@auckland. ac. nz

蒂姆·弗雷彻（Tim Fletcher）

布洛克大学，加拿大

学校进度设置趋向于不断持续性学习等（Kirk，2009；Ovens 等，2013）。这些个体和集体的特征，都挑战着传统的教学模式，显现出越来越多的需求，希望教师及教育工作者确保实践持续发展、改善，并与保持质量的原则相一致。

编写此文的目的在于让那些已在工作中使用自主研究方法的学者以及其他能够反映、评判自学方法的潜能并将其应用到体育领域中的学者们，进行讨论和思考。本文探讨了自学在教学和教师教育中理论与实践的相互作用，其价值在于突出当代实践教育中出现的矛盾、困境和不协调。以下每个章节都帮助阐明体育教育学者在观察和运用自学研究中，如何体现理论实践的多样性，以及对自己、学生和项目的改变、影响及意义；也包括在教师和教育行业内，学者专家们通过沟通获得的对自学研究的理解，以及把他们在所授课程中对自己、对实践、对学习进行改进的进一步的理解加以运用。

在这个初始章节，我们提供了自学的概述，概述总结了这种研究范式的基本特征。我们开始考虑如何通过检验自我与实践概念的方法，来打开体育教育自学研究的广阔空间。首先要考虑自主研究有哪些特点，如何进行自学研究，然后才能下结论说，这是一种高度反思的探究形式。我们以这样的概述服务于读者，是为提醒读者教学研究课题中的凌乱与困难。总的来说，我们的目的是用以下章节作为基础，为非专业读者提供自学研究的介绍，同时在这个基础上建立起未来的实践研究。

什么是自学研究？

Schulte（2009）认为自学研究很难定义，因为它既没有规定一种特定的研究方法，也没有促进一个特定目标的实现。Zeichner 和 Noffke（2001）避开对自学研究的定义，将其描述为从业人员在"范围宽泛的实质性问题"上使用"各种定性研究方法"的集合（第 305 页）。Cole 和 Knowles（1998）做了一些较好的自学研究：定性研究重点向内（第 229 页）。对此，Hamilton 和 Pinnegar（1998）认为这是来自后现代主义者角度的自学研究，作为对自学的探究、认识和了解，他们认为自学学者不应该试图抱着不确定和挑战的心态来做自学研究。这种缺乏清晰

度的自学研究，欠缺一部分源于自学本身的多样性。就像 Denzin 和
Lincoln 所说的修补工人那样，自学在不同领域都发挥着效用，例如叙
事研究领域、行为研究领域、话语分析领域和教育学研究领域的解释现
象学。另一个令自主研究不够清晰的原因是："自学研究"是大学里
"自学实践"的缩写，或者说是"体育教育实践的自学"的缩写更好一
些。可能定义是件很困难的事情，但本文从三个重要的特点入手，特别
是帮助构建自学研究的广泛性质开始，这些特点的方法特征将在本章后
面进行更深入的探讨。

自学社区

首先，自学社区是一个专业的、领域范围广阔的、能提供教师及教
育工作者共享、研讨并完善他们的实践的网络平台。教师教育实践的自
学研究（Self－study of Teacher Education Practices，S－STEP）早在
20 世纪 90 年代初就已出现，教师教育工作者们就开始在网络上讨论他
们的自学经历与教学经验（Loughran，2004）。Pithouse 等（2009）曾
指出，研究成果的共享使研究人员联系在一起，而这些共享成果也都是
大家认可的。因为教学是杂乱、复杂的，且教学情景不同，因此很难对
其加以确定，但我们需要创新和创造合适的研究方式来进行教学实践，
以及改进教师及教育工作者的教学实践（第 46 页）。自从发现了教学实
践工作中的常见问题，S－STEP 便发展成了一个高度活跃的社区，也
是最大的一个社区，是美国教育研究协会当中一个特殊利益团体。该社
区在 1996 年还推出了两年一届的"城堡"会议，且每次举行都有越来
越多的参与者和支持者（Young 等，2012）。

S－STEP 支持了该社区里的各种从业者，对于自学概念的发展也
至关重要。Zeichner（1999）指出，"自学研究在教师教育运动中可能
是教师教育研究领域最重要的、唯一具有发展意义的研究"（第 8 页）。
自学革命以其自学研究的实例（无论是经验还是概念）日益广泛地出现
在当今的各种报告中：（1）它吸引着对自学研究特别感兴趣的受众（如
研究教师教育或阅读本书的人）；（2）覆盖了更广泛的教育研究界的受
众（例如教育研究员）；（3）可能被认为这是一场持有"传统"观念或
观念相当保守的自学革命。不过显然，自学研究的价值和效用被认为是

一个有力的工具，它有助于改善我们的学习教学过程以及对教学过程、教学本质问题的理解（Borko，2007）。

对待自学的态度

其次，自学研究的立场是探究自我实践。教师和教师教育者自学的主要目的是进行自我实践的系统研究，以便思考和说明教学的复杂性和挑战性（Loughran，2004）。正如 Hamilton 和 Pinnegar（1998）所解释的，自学是对自我的研究：自己的行为，自己的想法……它吸取了一个人的生活，但又不仅如此，还需要有阅读之后的思考、相关经验，以及人们需要了解和考虑的一些东西（第 236 页）。而这样定义自学概念，也并非为了简单地去规定生成数据的方法，更多的是为了研究者对于自学的不同见解与质疑，使其他研究者放在网上的探究材料更具意义。同时将这个定位作为研究的主题和对象，Kelchtermans 和 Hamilton（2004）指出，研究者可以带来一个具有解释性和互动意义的与文章观点一致的研究结果。只有从当地特定的情况深入分析这个概念的含义，我们才有望了解到相关的见解，并有所超越（第 786 页）。从这个意义上讲，自学类似哲学和认识论的网络构建，它是诸如行为研究、反思实践、自我伦理学、生命史、视觉资料（说明性的图片、影片等）和叙事研究的另一种形式（Mitchell、Weber 和 Pithouse 等，2009）。这样解释可能令人产生困惑，即自学研究与其他探究形式有何不同。虽然它们有相似之处，但本质的区别在于每种探究形式在实际操作情况下，实践者如何处理探究中主要产生的问题。例如，行为研究与自学研究之间的差别，Samaras 和 Freese（2009）是这样解释的："行为研究更多的是去研究老师做什么，而不是老师是谁"（第 5 页）。自学研究则在于实践者探究的其他形式，因为自学在实践中进行，所以其重点在于理解自我（Bullough 和 Pinnegar，2001）。因此自学研究者的目的是探究自我，使个人和专业能力均有所提升（Samaras 和 Freese，2006）。

欲望

最后，自学研究使欲望得到合理支配。"欲望"在此处的概念不是一种感觉或情感，而是 Zembylas（2007）所认为的，"一种影响主体存在模式的力量"（第 336 页）。这样的构建方式，将目光转向"自我"的行为，反映了一种"需要做得更好、更多被改进、被更好地理解"的欲望。正如 Loughran（2007）所指出的，欲望为自学研究提供了动力，因为这种充满能量的欲望，使理论与实践相结合，更全面地了解实践知识的本质（第 14 页）并公开探索和发展这些在自学社区里出现的共同愿景。因此，欲望又使得研究者与研究的转化资源之间的关系更加复杂了。特别是在自学过程中看到的那个自我不是我们所认为的那个自我时，又或者不是我们所期待的那个自我时，在这个过程中自学研究者可能会不舒服，甚至感到不安（Dadds，1993，第 287 页）。从这个意义上讲，自学研究中便会出现欲望的双性：一方面，欲望显示出不确定性、不一致性，而且具有风险；另一方面，如果欲望是多向且具有颠覆性时，它也能带来快乐。

关注实践中的自我

现在我们来看一下，在自学实践中已经存在的设定以及活动的概念。我们建议研究者，特别是从事教育学工作的学者，要打开一个充裕的空间为体育教育学术建立重新思考自我、知识和研究机构。无论是在决定适当的教学、教师教育自由、独立行动（个人主义方法论）的空间上，还是在结构、社会整体（整体方法论）的观念上。当代的社会理论有越来越多的质疑，就是是否应把社会行动问题理论化（Schatzki，2001；Rouse，2007）。而自学避免了走向两种方法的极端，转向实践，像社会秩序和机构的概念那样，实践的概念本身就有着易于察觉的、以历史文化为导向的社会理论符号和知识结构。并使用在人的身上，一直围绕在他们生活的世界里（Reckwitz，2002）。实践可以被认为是有文化配置的人物从事特定专业、担当工作角色或完成工艺活动的具体过程。在这种观点下，人们不会因为他们所从事的活动完全不受约束或没有被要求遵守规范，而导致个人进行的活动无法继续。相反，这些社会活动体在社会理论符号的收集和呈现中，会坚信意义源于世界，并与社会共享（Reckwitz，2002）。

在自学中，"实践"是指人们从事所有特定职业的部分活动（如教学）或专门的事业（如运动），包括责任、信仰和知识，使这些活动富于意义（Pinnegar 和 Hamilton，2009）。这种自我的体现就是实践的执行。而这种实践又不仅仅是身体的部分行动，还包括从特定的言论社区角度来理解某些常规，知道实践是怎样的。从言论社区的角度来看身体被表现、人体物品被创造、知识被显现、关系被识别、空间被有意义地加以利用，这就是实践的常规方式。重要的是，实践是一种行为模式和理解模式，强调的不是个人能力，而是出现在不同时空的小部分从业者，即具有不同工艺、职业、角色的普通人的能力（Reckwitz，2002）。对从事体育教育的学者来说，生产空间是一种社会理论形式，将人们联系在一起，而实践是他们日常杂乱而又平凡的一部分活动（Schatzki，2001；Green，2002）。

可能把教学描绘成混乱和平凡，会令一些人感到意外。我们对混乱的定义是，教学的复杂性能够在稳定与混乱之间产生平衡（Ovens 等，2013）。对于不同班级、不同学生来说也一样，能够在一个具体情况下可以行得通的教学方法，很可能在下一个具体情况里无法产生效果。实践作为一种管理方式，可以处理每个具体情况下不同因素相互之间的影响。对平凡的定义是，教学有着常规和无意识的表现（Rossi 和 Cassidy，1999；Green，2002）。但我们也承认教学手段是工具性的方式，通过思考更多的日常演练，我们希望教学更具反射性和典型性。从这个意义上讲，我们经常遵循着常规惯例，并没有自我意识地实践着这些惯例，教学背景影响下的元素无处不在，让我们时而困惑时而灵光。

同时，我们不能忽视"自学研究"中"自我"的含义。或许"自我"的概念会分散我们的注意力，因为在这种研究方法中，研究者可能只会专注对"自我"的研究，以自己的观念来做评判。这种"自我"的概念化，其局限在于个人观点不够客观，对自学研究可能会产生误解，而自学是检视自我，对实践经验进行评判，而不是"钻牛角尖"。我们虽然不贬低"一根筋"的探究和思考的价值，但自我学习中的"自我"旨在说明：自我能生产实践知识并呈现出实践的确切意义。任何具体情况下的行为都与研究者的实践以及与其他合作者进行的实践相互依存，这个联系便是本文的核心（Ovens 等，2013）。我们应该放弃实践中对所涉及的各个组成部分的关注，多去关注这些组成部分在实践生产中具有的本质性联系（Osberg 等，2008）。Pinnegar 和 Hamilton（2009）认为，在标题中出现"自我"一词，就是把研究者定位为特殊的探究者，并说明构建实践的探究者与其他参与实践的人之间的关系（第 12 页）。

转向探究自我实践

如何研究自我？有没有一个方法可以综述其大体轮廓，将其绘制成图呢？总结自学研究的本质，这里有非常多的可用资源，例如 Bullough 和 Pinnegar（2001），LaBoskey（2004），Loughran（2007），Pinnegar 和 Hamilton（2009），Samaras（2011）。此外，最具权威的自学资源，或许来自 *Handbook of Self-study of Teaching and Teacher Education Practices*（Loughran 等，2004）。鉴于这些出版物已经概述了丰富多样的自学研究方式，以下描述仅作为简要介绍。

我们的初衷是提供一个自学实践的一般认识，在自学研究中，（那个体现并关联实践）的"我"不仅要负责设定研究步骤，也要在之后的发现中继续实践（LaBoskey，2004）。LaBoskey 认为，教师及教育工作者开创了自学的研究进程，致力于自我实践的探究，为分析研究提供了第一手资料，与不同的观点相互交流（包括来自社会的观点及个人分享的观点），负责创造实践知识，使之能够解读并重新规划未来超越自我的实践进程（Loughran，2007）。在这个道路上，研究者不断用他们的所知所感续写着自学实践的进程，并以自己的能力用新的观点去替代那些相互矛盾，或具有颠覆性的实践经验。同样，Ham 和 Kane（2004）认为，自学研究"并非源于对过去理想化的简单经验进行记忆，而是一种具有目的性的社会行为，这些行为亦是研究的核心，具有迭代性、对意识的反应性，还有竞争性"。

这样构建自学研究活动，可以表现其促进作用。LaBoskey（2004）提出，自学研究的探究者试图通过调整自己来帮助学生大众更好地获得技能，改变我们对所处环境，约束我们工作的环境或社会环境的态度时，诱导活动具有广泛性。然而，重要的不是结果，而是我们对自学研究技术的掌握、理论的改进和实践的成功。我们为人师、为人学生的理解经验，在许多的层面上都需要实践证明，思考特殊反应中主动或被动的诱导作用。做自学研究，也是为了改善实践的诱导作用，亦即用主观能动性做出良好的判断，而不是注重还原技术和知识。对实践活动是否改善的准确判断可以产生两种知识：探究者具体的实践知识以及其他从业者贡献的学术领域可以共享的概念知识（Loughran，2010）。

　　主动性诱导和被动性诱导的另一方面是互动的必要性。研究自我实践从来不是靠一个人的努力，因为实践是有联系的一系列文化活动，源于集体行动、集体文化，以及与他人在同一环境或实践社区中的关系。自学研究的实践活动是需要互动，尤其是当研究者与实践活动中的其他合作者交谈，分析数据设置、相关理论、研究文献（Kitchen 等，2008）。在合作中的时时刻刻，只有关注来自朋友的支持与理性的评判，才更容易使我们以开放的心态重构实践活动并在职业技能上有所发展。当然，这种支持不仅是与他人合作，还意味着坦率、够诚实、乐于合作的态度以及善于讨论交流。这才是合作社区里发展共同事业的人该有的样子。

　　平凡的大千世界迫使我们使用多样化、主干化的方法去进行自我实践，并形成如此细致的系统研究方式。如特鲁姆布（Trumball，2004）所说："即使我们知道眼里的世界对我们的观念会产生影响，我们的工作是为了确定那些从外界获取的所有数据信息都是真实存在的。"（第 1225 页）。自学研究学者要以多种方式去定义、探究、制造，并清晰地阐明那些短暂、复杂的互动活动及相关的思考，因为这是教育学工作的特点。从现实意义上讲，这样的自学研究学者能更灵活地筛选理解实践的方法依据、数据和资源依据。例如，具有代表性的日志、野外记录、收集或制作的成品（如教案、教学大纲）或是使用教学视频。然而，第一手数据资料通常是从内部视角唤起实践者的想法，从外部视角反映作者对其他观点的看法。当朋友或同行加入了实践，便可以从谈话记录中、通信来往中（例如邮件、动态微博）或是对其他实践者的实践观察中获取数据。如所有的实践探究者一样，教师及教育工作者如何理解并改进他们的实践，在极大程度上依赖实践中学生们不同的反应、反馈、评论和回复（默认的和明确表示的）。学生的观点通常调用自学研究学者的反应作为他们对教学假设的参照，而进一步形成他们自己对实践的认知，然后分享出他们的领悟。学生的观点或许代表了传统的数据形式，大多取自采访、正式或非正式的对教学的评估，又或是学生的作业样本。因此，自学研究为教学的学习过程提供了全新的视角，学生的学习经验与教育工作者的教学经验密不可分。

像所有的研究工作一样，我们不仅应该试着关注为分析研究而制造、收集的经验材料，还应该寻找能让这些材料具有实际意义的方法。如研究者只关注那些对自己的信仰、期望和理想有利的结果，那么他所提供的解释、相互作用的观点、融入背景的考虑是有偏颇的。因此，如同 Trumball（2004）建议的那样：在自学研究中"我们应该确定我们所理解的观点也正是别人所支持的，这就是为什么自学研究不仅要求有善于评判的朋友，还要有一个能够评判的社区"（第 1226 页）。LaBoskey（2004）说：当其他研究者开始加入这个特殊的研究，并从研究中获得收集到的有效回馈时，这便是个正确的可仿效的形式。但是，不要去假设与对方进行的单纯合作或启发可以达成，这点很重要，因为研究者应该时常认识到合作者自身的兴趣和学识是否有益于对特殊研究的理解与表现。因为自学研究学者应该知道如何清楚地表述使人值得信赖的认知，以及为什么要清晰地表达（Craig，2009）。正如Loughran（2007）所说，"如果对自学研究当中的可信赖程度不给予足够的关注，那么，不论个人的成果如何，教育工作者的整体工作价值也会受到质疑"（第 15 页）。

最后的思考：自学研究是一种暂时性的理性探究

在我们结束初步讨论之前，要提出这样一个观点，即自学研究的探究代表了一种暂时性的理性探究。乍一看，这个提法对做好研究来说似乎是反直觉的，因为人的信仰应以合理的方式从现有证据中得出，而且与相信这些证据的理由是一致的。之所以提出自学研究是一种暂时的理性项目，我们是想说明不建议使用一般原理或线性启发，这种技术形式的理性，很难使教育问题得到真正的解决。因为教育问题的性质取决于利益相关者的角度，这样做使得教育问题会难以定义。所以，我们建议面对自学研究，要敏感地克服其偶然发生的、相互依存的和体现出人性的困难。我们也知道教育问题或许有着许多的因果关系以及内部依存关系，这种依存关系会产生一系列相互协调、相互关联的反应（Bore 和

Wright，2009；Ovens 等，2013）。因此，我们建议对正在进行的实践问题以及便于分析归纳该实践的方法要谨慎对待。想要了解理性形式的限制，就要了解事实经验与书面陈述之间的关系。虽然后结构主义通过将注意力集中在处于语言中心地位的人类经验（Barker 和 Galansinski，2001；Wood 和 Kroger，2000）提供了有价值的解决方式，但依旧需要考虑"身体为何不仅是一个令人们铭记其作用的地方，而且还是社会分类和社会联系的物质来源，是人们附属或脱离社会形式的感性手段"（Shilling，2004，第 XVII 页）。这种敏感性的体现承认在人们共同参与创造的活动中，身体是一种有意义的、与世界相联系的媒介（Macintyre、Latta 和 Buck，2008）。对有形性质的人类组织经验承认：身体具有产生一系列认知、情感和运动的能力，具有适应居住环境、栖息环境的现实意义和象征意义（Evans、Davies 和 Rich，2009）。这种趋势否定了现实与经验事实之间折射出的简单命题，而将注意力转向研究活动的核心，即理解的过程、认同感的构建及反思（Alvesson 和 Skoldberg，2009）。这些语言和现象的转变直接挑战了理性社会科学的关键假设，即现实的存在是独立的，而不是研究人员通过研究方法呈现出来的。

虽然理性能够保证自学研究在方法上的敏感，确保其是自律的、开放的并以依据为基础的，但也需要研究人员发挥其创造力与洞察力。作为一个临时合理的项目，一套自学的技能就变得尤为重要，或耐心练习，或应用智慧，或者积累依据。它与这些行为品质——感知、感觉、思考和想象的能力一起，开辟可能更有用的理解。在自学研究方面，研究人员在研究过程中应发挥想象力，以便使数据工作出现闪光点并启发我们产生新的想法，而不是简单地验证和支持（Alvesson 和 Skoldberg，2009）。想象力把知识的前景建构看作"制造"，即研究者应该被解释为一个"生产者"而不是知识世界的"找寻者"（Foucault，1980）。经发现，理论和模型不是独立存在的，而从来都只是我们在世界上同自己的理解做思想斗争的临时工具（Osberg 等，2008）。正如读者将会了解的那样，当自学研究被援用为一种探索形式时，它所探索的不仅是一种更准确的既成现实的理解，而是把"自我"作为生产者、再造者和实践产品的自学方法，也是创造更多实践方法的有力手段。

参考文献

Alvesson, M. , & Skoldberg, K. (2009). *Reflexive methodology: New vistas for qualitative methodology* (2nd ed.). London: Sage.

Barker, C. , & Galasinski, D. (2001). *Cultural studies and discourse analysis: A dialogue on language and identity* . London: Sage.

Bore, A. , & Wright, N. (2009). The wicked and complex in education: Developing a transdisciplinary perspective for policy formulation, implementation and professional practice. *Journal of Education for Teaching*, 35(3), 241—256.

Borko, H. , Liston, D. , & Whitcomb, J. A. (2007). Genres of empirical research in teacher education. *Journal of Teacher Education*, 58(1), 3—11.

Bullough, R. V. , Jr. , & Pinnegar, S. (2001). Guidelines for quality in autobiographical forms of self — study research. *Educational Researcher*, 30(3), 13—21.

Cole, A. L. , & Knowles, J. G. (1998). The self—study of teacher education practices and the reform of teacher education. In M. L. Hamilton(Ed.), *Reconceptualizing teaching practice: Self—study in teacher education* (pp. 224—234). London: Falmer.

Craig, C. J. (2009). Trustworthiness in self—study research. In C. A. Lassonde, S. Galman, & C. Kosnik (Eds.), *Self — study research methodologies for teacher educators* (pp. 21—34). Rotterdam: Sense.

Dadds, M. (1993). The feeling of thinking in professional self— study. *Educational Action Research*, 1(2), 287—303.

Denzin, N. K. , & Lincoln, Y. S. (2005). Introduction: The discipline and practice of qualitative research. In N. K. Denzin & Y. S. Lincoln (Eds.), *The Sage handbook of qualitative research* (3rd ed. , pp. 1— 32). Thousand Oaks: Sage.

Evans,J. ,Davies, B. , & Rich, E. (2009). The body made flesh: Embodied learning and the corporeal device. *British Journal of Sociology of Education*,30(4),391—406.

Foucault,M. (1980). *Power/knowledge: Selected interviews and other writings* 1972—1977 . London:Harvester.

Green,K. (2002). Physical education teachers in their fi gurations: A sociological analysis of everyday 'philosophies'. *Sport,Education and Society*,7(1),65—83.

Ham,V. , & Kane,R. (2004). Finding a way through the swamp:A case for self—study as research. In J. J. Loughran,M. L. Hamilton,V. K. LaBoskey, & T. Russell(Eds.), *International handbook of self—study of teaching and teacher education practices* (pp. 103 — 150). Dordrecht:Kluwer.

Hamilton,M. L. , & Pinnegar,S. (1998). The value and the promise of self — study. In M. L. Hamilton (Ed.), *Reconceptualizing the education of teachers: Self — study in teacher education* (pp. 235 — 246). London:Falmer.

Kelchtermans,G. , & Hamilton, M. L. (2004). The dialectics of passion and theory: Exploring the relation between self — study and emotion. In J. J. Loughran, M. L. Hamilton, V. K. LaBoskey, & T. Russell(Eds.), *International handbook of self—study of teaching and teacher education practices*(pp. 785—810). Dordrecht:Kluwer.

Kirk,D. (2009). *Physical education futures*. London:Routledge.

Kitchen, J. , Ciuffetelli Parker, D. , & Gallagher, T. (2008). Authentic conversation as faculty development:Establishing a self—study group in a faculty of education. *Studying Teacher Education*,4(2),157—171. doi:10. 1080/17425960802433637.

LaBoskey,V. K. (2004). The methodology of self—study and its theoretical underpinnings. In J. J. Loughran, M. L. Hamilton, V. K. LaBoskey, & T. Russell(Eds.), *International handbook of self—study of teaching and teacher education practices* (pp. 817—869). Dordrecht:

Kluwer.

Loughran, J. J. (2004). A history and context of self — study of teaching and teacher education practices. In J. J. Loughran, M. L. Hamilton, V. K. LaBoskey, & T. Russell(Eds.), *International handbook of self — study of teaching and teacher education practices* (pp. 7 — 39). Dordrecht: Kluwer.

Loughran, J. J. (2007). Researching teacher education practices: Responding to the challenges, demands and expectations of self—study. *Journal of Teacher Education*, 58(1), 12—20.

Loughran, J. (2010). Seeking knowledge for teaching teaching: Moving beyond stories. *Studying Teacher Education*, 6(3), 221—226.

Loughran, J. J. , Hamilton, M. L. , LaBoskey, V. K. , & Russell, T. (Eds.). (2004). *International handbook of self—study of teaching and teacher education practices*. Dordrecht: Kluwer.

Macintyre Latta, M. , & Buck, G. (2008). Enfleshing embodiment: 'Falling into trust' with the body's role in teaching and learning. *Educational Philosophy and Theory*, 20(2), 315—329.

Mitchell, C. , & Webber, S. (2005). Just who do we think we are… and how do we know this?: Re — visioning pedagogical spaces for studying our teaching selves. In C. Mitchell, S. Weber, &K. O'Reilly—Scanlon (Eds.), *Just who do we think we are? Methodologies for autobiography and self — study in teaching* (pp. 1 — 10). New York: Routledge—Falmer.

Osberg, D. , Biesta, G. , & Cilliers, P. (2008). From representation to emergence: Complexity's challenge to the epistemology of schooling. *Educational Philosophy and Theory*, 40(1), 213—227.

Ovens, A. , Hopper, T. , & Butler, J. (2013). Reframing curriculum, pedagogy and research. In A. Ovens, T. Hopper, & J. Butler (Eds.), *Complexity thinking in physical education: Reframing curriculum, pedagogy and research* (pp. 1—13). Oxon: Routledge.

Pinnegar, S. , & Hamilton, M. L. (2009). *Self—study of practice* as a genre of qualitative research : Theory, methodology, and practice. Dordrecht: Springer.

Pithouse, K. , Mitchell, C. , & Weber, S. (2009). Self — study in teaching and teacher development: Acall to action. *Educational Action Research* ,17(1),43—62.

Reckwitz, A. (2002). Toward a theory of social practices. A development in culturalist theorizing. *European Journal of Social Theory* ,5,243—263.

Rossi, T. , & Cassidy, T. (1999). Knowledgeable teachers in physical education: A view of teachers' knowledge. In C. Hardy & M. Mawer(Eds.), *Learning and teaching in physical education* (pp. 188— 202). London: Falmer.

Rouse, J. (2007). Practice philosophy. In S. Turner & M. Risjord (Eds.), *Handbook of the philosophy of science :Vol. 15. Philosophy of anthropology and sociology* (pp. 639—681). London: Elsevier.

Samaras, A. P. (2011). *Self — study teacher research : Improving your practice through collaborative inquiry*. Thousand Oaks: Sage.

Samaras, A. P. , & Freese, A. R. (2006). *Self study of teaching practices primer* . New York: Peter Lang.

Samaras, A. P. , & Freese, A. R. (2009). Looking back and looking forward: An historical overview of the self — study school. In C. A. Lassonde, S. Galman, & C. Kosnik (Eds.), *Self — study research methodologies for teacher educators* (pp. 3—19). Rotterdam: Sense.

Schatzki, T. (2001). Introduction: Practice theory. In T. Schatzki, K. Knorr Cetina, & E. von Savigny (Eds.), *The practice turn in contemporary theory* (pp. 1—14). London: Routledge.

Schulte, A. K. (2009). *Seeking integrity in teacher education : Transforming student teachers, transforming my self* . Dordrecht: Springer.

Shilling, C. (2004). Educating bodies: Schooling and the constitution of society. In J. Evans, B. Davies, & J. Wright(Eds.), *Body knowledge and control：Studies in the sociology of physical education and health*（pp. xv—xxii）. London：Routledge.

Tinning, R.（2010）. *Pedagogy and human movement：Theory, practice, research*. Oxon：Routledge.

Trumball, D.（2004）. Factors important for the scholarship of self—study of teaching and teacher education practices. In J. J. Loughran, M. L. Hamilton, V. K. LaBoskey, & T. Russell（Eds.）, *International handbook of self—study of teaching and teacher education practices*（pp. 1211—1230）. Dordrecht：Kluwer.

Wood, L. , & Kroger, R.（2000）. *Doing discourse analysis：Methods for studying action in talk and text*. London：Sage.

Young, J. R. , Erickson, L. B. , & Pinnegar, S.（Eds.）.（2012）. Proceedings from：*The ninth international conference on self—study of teacher education practices*. Provo：Brigham Young University Press.

Zeichner, K. M.（1999）. The new scholarship in teacher education. *Educational Researcher*, 28(9), 4—15.

Zeichner, K. M. , & Noffke, S. E.（2001）. Practitioner research. In V. Richardson(Ed.）, *Handbook of research on teaching*（4th ed. , pp. 298 — 330）. Washington, DC：American Educational Research Association.

Zembylas, M.（2007）. Risks and pleasures：A Deleuzo—Guattarian pedagogy of desire in education. *British Educational Research Journal*, 33(3), 331—347.

进入自学研究状态

雷切尔·福克滋（Rachel Forgasz）

介绍

随着时间的流逝，自学研究继续聚集动力，期望作为一种合理的研究形式而获得学术界的认同。但自学研究主要还是用理性逻辑、推论的研究方法，去探讨个人的专业实践。日常生活中，体现自我反省的活动形式有冥想、瑜伽及其他的话语模式。那么高等教育领域和教师教育自学实践（S—STEP）的研究该如何体现自我反省呢？对非话语性来讲，随着时间的成熟能否体现自我反思方法的哲学性呢？什么贡献对S—STEP的研究可能体现出契合性呢？我们的实践、自我理解以及作为教师教育工作者的认同在哪些方面可以通过体现反思过程来揭示呢？在进行并传播严谨研究的过程中，这个反思过程又是什么样子呢？本文提出了对体育文化及其呈现状态的思考，可能会丰富S—STEP领域与教师教育的交流。

情景

我是一个戏剧教育家，所以体育教师教育是我不愿意写的方面。我与体育教育的脱节大概要追溯到我的学生时代。当时我借口是个"运动盲"，而拒绝参加团队运动。这在当时几乎是一个传奇。作为一名中学戏剧老师，我觉得这个界限是鲜明的。就像孩子们经常被迫选择他们的运动员和歌剧中的女主角（著名女歌唱家）作为课后教育，对体育场所也是一直不断地争吵，到底应该"练习和比赛"还是"排练和表演"。不知怎的，回顾我作为学生、作为老师的生涯，我仍然不知道戏剧和体育拥有

雷切尔·福克滋(Rachel Forgasz)
莫纳什大学,澳大利亚
邮箱:Rachel. Forgasz@monash. edu

的共同点。而束缚我们的本质却是在很大程度上离失了教师教育学识的部分，以及为 S—STEP 的探究提供新见解新视角的身体。

脱离肉体

尽管 S—STEP 的研究关注"自我"，但身体和身体中所拥有的智慧并没有得到真正的重视。因为身体被许多学术单位排斥在探究的范围之外，我想这也不奇怪。也许除了我们这些为研究运动专业而工作的人，像搞体育教育、舞蹈和戏剧的人，其他人并不会意识到身体缺失的真正含义。因此我们这些让身体产生价值的工作者，是处于那些公认的学识及知识边际的人。这个学术界不予理会的"身体"也许被 Ken Robinson（2006）的曲解做出了最好的诠释，他讽刺性地摒弃了多数学者的观点："他们把身体看作是脑袋的一种交通工具，能带着他们的脑袋去参加会议"。

灵肉二元论至少可以追溯到西方哲学中 Plato 提出的肉体和灵魂分离的时期。这是 Rene Descartes 踊跃采纳的一个观念。Cartesian 的二元论特别值得注意，因为笛斯卡特不仅认为心灵和身体是独立的实体，而且我们知道知识的主体来自我们身体里的情感、欲望和倾向（Michelson，1998）。对身体的轻视，使客观认识者将这个问题抛给了这个历经了数个世纪的西方思想——特殊体育背景下的主体性。实证主义客观和普遍的真理在许多方面依赖压制背景下的束缚，而我们的身体是这种形而上学的障碍超越。

Jordi（2010）提醒我们，"人的意识和心智取决于人类大脑中存在的东西和功能"（第 191 页）。但是，如果这不是唯一合理的认知形式，则更容易相信：情感和身体的感觉往往被视为理性和逻辑的障碍。甚至在人文学和社会科学中，在反思实践和一系列的自我探索中，理性和口头语言表达往往更重视感觉，而且身体的感觉是自我认知的合理途径和形式。Pagis（2009）观察到，这种偏见也延伸到"自我反省"的研究中。他认为口头语言表达是自我反省一般构造中，一种"内在"的对话，并假设语言是个人与自己交流的主要方法（第 265 页）。

考虑到在成人教育者当中缺乏具体的实践，Lawrence（2010）就想知道"他们是否对身体有些惧怕，或者说他们只是不了解其他的实践方式"（第 2 页）。但对于体育教师教育者来说，把问题归结于缺少曝光或有恐惧心理，我表示怀疑。我怀疑很有可能就像你观察到的逐渐"学术化和科学化的高等体育教育"（Brown 和 Penney，2013，第 42 页），你是否也认为需要肢解体育教育，让无知的观念在学术话语中找到一席之地。如果是这样，那么就请重启记忆（Michelson，1998）、重新发现身体奥秘的过程，开拓一条通往体现反思研究的 S—STEP 研究道路。

身体认识论

尽管我说了些容易引起争议的话，但我也承认，当从我第一次告诉人们我的研究兴趣是了解身体以及通过身体进行研究时，我就有极度的不适感。因此，知识和产生知识的语言逻辑形式的优先等级无处不在，我承认我提出身体作为一种替代形式和了解方式是在自我贬低。记得第一次我与母亲（一位数学教育学者）分享一个还尚未成熟的研究时，她对"身体的智慧"这个提法极其厌恶。

"身体的智慧？"她嘲笑道，带着所有的傲慢和不屑，"根本没有身体的智慧。身体只是对感觉有生理反应，没有智慧或知识，它就是一个没有意识的反应。"

"但身体对特定情况的反应是一个线索，给我们一个指示性的暗示——在特定时刻发生了什么，如果我们注意到这些线索，就可以最大程度地满足我们的想法并有意识地选择我们的下一个行动。"我提醒她以前在她要升职时曾接受过一次访谈，她又是出汗，又是心跳加速。"那是你的身体在告诉你些什么，对不对？"

"这是我的身体对某事做出的反应，这只是身体对恐惧的原始反应。"她反驳。

"但是你在活着的意义上没有什么可怕的，在那一刻，你的身体没有遇到任何人身危险。你的生理反应是那一刻身体在向你诉说你的感觉的方式。"

"但是如果说我是否有从中学到任何东西，那便是我解释身体的智慧反应，而不是身体本身的智慧。"

明白这一点就够了。对我来说已然是一个大胜利，至少我让她承认了，身体的反应可能与我们的感觉和对经验的理解相关，告诉我们在特定时刻发生了什么。"智慧"能否归因于身体的反应本身或用我们的智力能力去解释该反应。

不知不觉地，母亲和我就一直在讨论差异神经科学家 Antonio Damasio（1999）是如何描述身体的一级和二级感觉。一级感觉是身体所感觉到的来自世界的信息，二级感觉是身体对此信息做出的反应。正如 Pagis（2009）解释的："身体对世界做出反应是通过产生二级感觉，如疼痛、热、瘙痒、心率变化、电、肌肉紧张，而一级感觉是个人从外界接受信息后的结果。"（第 267 页）这些二级感觉是具有意义的指标，是我们各种体验感觉的迹象，即使我们并没有意识到那些感觉反应是如何解释和推断的。

人们对身体感知这个概念的反应就像我母亲的反应那样，她所认为的是："如果说我从中学到了东西，那就是我解读自己的身体反应的智慧，但不是身体本身具有的智慧。"她通过认知解读能力与自我的联系（我的智慧）同时也是她与身体脱离的自我感觉（身体）。在她的自我建构中，她否认了不可否认的事实——她在世界中的存在，还有对世界的体验。

但在物化视图中，身体被认为是知识和知识实体，有自己生活经历的某一特定情况。从这个意义上说，它与任何思维过程一样可以去"知道"或者"理解"。就像逻辑理性思维过程是用符号和词语传达给我们那样，身体也是用自己的语言通过二级感觉向我们传达其经验。有时体现的知识形式与我们的逻辑—理性—解释性知识互补；有时它们彼此矛盾。无论哪种方式，关键是我们的身体认知与其他形式和方式一样有效可行。

倾听身体诉说什么，它都知道些什么，并运用这一智慧来决定我们的下一步行动，就是我所认为的认识论构建身体的概念基础。这真的不是一个外来的概念，对吧？尽管我们痴迷合乎逻辑的理由解释，但目前我们仍在我们身体里获得对事物的感受。我想，这就是用身体去感知，用认识论去了解身体。

这是与 Polanyi（1958）的默许认知提法有关，根据这个概念，

Donald Schön（1983）又引入了他的"行动中认知"这个概念。这两个概念都体现了我们认识和理解的前瞻性和直观性。但我认为应重构默许的含义，把它作为只讲另一种语言的知识：肢体语言。如果我们接受这个观点，那么我们把默许认知明朗化的想法也会被破坏，因为我们的默许知识已经非常明确地进行了印证。我们只需要回过头来听我们的身体在说什么。

心理治疗师 Eugene Gendlin Jordi（2010）把这种身体认知看作是"感知"，既不是对外界某物的感官知觉，也不是情绪，感知是"过去和现在的自己与他人在特定情况下隐含于身体感觉中的复杂的相互作用"（第 193 页）。根据 Jordi（2010）的说法，身体表达所包含的感觉、记忆、默许认知、思想、情感以及观点，它们都是彼此交叉、管理和关联的（第 193 页）。

如果身体是认识论，是我们在行动中认知的一部分，那么对身体进行反思就提供了一种研究方法，使我们去探究身体认知的本质（Jordi's，2010）。反思身体可能是一种方法，便于我们了解自身的行动认知，这一点是不能通过反思认知单独实现的。自学研究中对身体集中反思的罕见例子就体现在加拿大运动心理学家 Chantale Lussier－Ley（2010）的工作中。卢西尔－雷以前是位舞者，在咨询活动中开始研究身体的作用（自己和他人的身体），使用自传式的叙事分析来探讨她与她身体之间的问题关系，她说："我的身体拼命地想和我说话，但我花了些时间才准备去认真倾听。"

对身体的反思

我在一门成人学习和发展课程上讲授反思实践。课上，学生们探索了一系列的反思方法，包括具体的反思表达。我给他们布置的最后一项作业是要求他们将一系列的反思过程应用于职场的困境。

我在这里介绍的 Gareth 的案例，都应用了 Jordi（2010）通过回忆和思考在工作环境困境中的体验来表达反思的方法。如案例所示，将感觉作为反思探究着重的考量，是 S－STEP 具体研究方法的希望。

Gareth

Gareth 想开设一门从一开始就感觉不简单的课程。因为没有准备好，所以在课程开始之前他便感到焦虑和反感。他要求他的学生们分成几个小组，分别设置一组任务。Gareth 有意让学生们像成人一样去期待、渴望独立、自由发挥，但学生在分组问题上却要求老师给予指导，这使他感到非常沮丧。之后，当各组接受了所布置的任务后，Gareth 却非常恼怒。他后来无法平复心中的愤懑，但还要鼓励学生们调动自主能动性。最终他是在沮丧、气愤和迷失的情绪中结束了这门课。

Gareth 赶紧反思在授课之初身体的感受。他说感到内心很厌恶，有一种不安的感觉。于是他跟着这个感觉，回想到了自己经常不做课前预习的学生时代。让 Gareth 惊讶的是，与他童年时害怕被发现、被羞辱、被老师点名批评的经历相同。

带着清晰了解自己的这种感觉，Gareth 又回到他的教学探究中。他很确定是因为他缺乏课前准备，所以有反感、沮丧的感觉倾向。但通过反思课上的特殊记忆，Gareth 对自我的理解有了一个全新的认识。那天让他担心的不是是否准备得充分，而是害怕被学生发现自己没有备课。由于他对自己的专业知识不够自信，使他在学生们无法完成所布置的任务时感到恐慌。因担心被发现自己无法真正调动学生自主学习的能力，所以只能动动嘴皮子来让学生们自行分组学习。

通过演示了解身体

在各种体育教育规则中，身体是舞蹈、戏剧表演、音乐艺术等的表演艺术规则研究的核心。Liora Bresler（2004）解释说，这使表演艺术成为理想的探索教育研究实施潜力的领域。戏剧表演中，体现和话语形式是经常结合在一起的，例如，在剧本戏剧作品的现场演出。这表现出的戏剧性的表演是一种强有力的反思实践方法，有可能让参与者即刻参与到戏剧表演、体现反思活动中。

在戏剧舞台的审美空间中，我们可以制定（或重新制定）特定的表演，通过虚构的剧院镜子反思自己。这样做，可以使我们成为观众去观察自己的过去、现在或未来的行动。这个时候，我们经历剧中世界，也就是说，"是同时处于两个完全不同的自主世界状态"（Boal，1995，第43页）。在这个意义上我们同时扮演演员和观众，这种角色的崩溃便会导致"期待扮演者"的现象出现：

[期待扮演者]　他不仅是一个客体，还是一个主体，因为他可以是演员，也可以指导演员、改变演员。一个像演员一样表演的观演者（第13页）。

对"期待扮演者"的描述非常形象地反映了参与者通过观察、学习，确定新的观察活动等等，进行不断变化的反应活动、观察活动。

在 Boal 对观演者的想象中，反省式性的交流模式是表演的体现。在 *Games for actors and non－actors*（2002）和 *The rainbow of desire*（1995）中，Boal 总结了一系列关于戏剧的练习，使参与者体会到身体反思的主要形式。每种形式都是通过理解我们的行为、实践和价值观的视角尽可能挖掘出有趣的发现。

哥伦比亚式催眠

最近一次去美国，是和一群本科生一起参加城市教育课程。他们彼此只见过一面，而且许多人是第一次接触到围绕公平和社会正义，对自然和城市教育目前的状态给出自己的认知。在我讲课时，我决定鼓励他们尝试 Boal 的"哥伦比亚催眠"（就是他在 *Games for actors and non－actors* 一书中所描述的）。

在第一阶段，让学生按 A 和 B 组成小组，A 是领导的，B 是跟随的。B 想象把一个 10 厘米长的字符串从他们的鼻子连接到 A 的掌心。这样，A 领着 B 在场地中体验高度、速度和前后运动。在几分钟后，A 和 B 交换角色，B 来领导。然后小组重新开会讨论他们刚才的经历。我问他们谁喜欢领导，谁喜欢跟随。有些人说他们喜欢领导，享受他们可能的权力、创造力，把合作伙伴推到极限。而有些人则不喜欢去领导，他们想不出那些富于想象力的情况，有些人不喜欢担负那个责任，所以就倾向于跟随。还有一些人喜欢跟随，因为他们喜欢合作伙伴设置的挑战。

在第二阶段，学生分成三个小组。首先是 A 领导 B 和 C，通过虚构的字符串连接到 A 的每个掌心。这种方式是一个领导者与两个跟随者。三人组交换角色，直到每个人都当过领导者。同样，重新召集小组开会并分享经验。有些人继续享受充当领导者的感觉，他们觉得自己仿佛在跳舞，但部分人这一次发现了责任太多会使跟随者出现碰撞的危险。同样，第一次喜欢跟随的人不那么喜欢去跟随了，因为他们要互相竞争才能引起领导的注意。剩下的人则很享受与同伴一同跟随，因为他们觉得作为集体的一部分和其他人碰撞减少。

最后阶段，只留了一个志愿者在舞台中心，并伸出了两个手掌。其他志愿者通过一个想象中的字符串使自己与每个掌心相连。然后再举起掌心，连接起另外两名志愿者，之后再伸出两个手掌，引领另外两名志愿者。这种结构继续变化，直到最终结束时只有跟随者而没有领导者。一旦整个团体成为形态的一部分，领导者开始移动，大多数小组成员同时兼任领导人和跟随者。用不了多久，小组便会出现混乱状态，因为外围追随者一点点到处移动，偏离中心移动。由于除了在他周围的跟随者外看不到其他的人，位于中间的领导者很快就使小组卡在一个角落无处可走。这种形态在结束前便自动收拢了。

我们重新开始讨论经验，首先分享经验的是那些同时兼任领导者和跟随者的同学。大多数人说他们发现很难同样专注于领导和跟随两个角色，并承认如果必须进行选择，他们倾向于去跟随而不是用心去领导。在大多数情况下，处在外围的人说，他们没有感受到任何对他们的注意，他们可以感觉到他们的领导者没有把精力放在领导角色上，而是把重点放在去跟随前面的人。一个在外围的人说他们挺喜欢这个感觉，因为这意味着他们对任何人都没有责任。但大多数人感到不安全和迷茫。位于中间的领导者开始时把精力集中在他两个手掌心中的两个跟随者，他没有意识到他的移动对整体的影响。直到很久之后，他才意识到乏味，也想不出新的移动方法，他能感到继续领导很吃力，但还是继续移动着，没有认真地考虑自己到底在做什么。

经过一段时间个人的亲身经历的分享，一个学生表示，这个游戏让她想起了她在沃尔玛工作时的经历。我问她什么意思，她说："很多经理、副经理和经理助理要我们做什么，销售人员只是服从，不会真正去理解发生了什么。"另一个学生补充说："这有点像一个功能失调的政府。"第三个说："这真的很像学校的体制。"

我们继续讨论这个想法：他们刚刚创造了一个体现学校系统的隐喻，分享了彼此对这个隐喻的各种理解，并把他们的身体在隐喻中所处的位置作为讨论的起点。离群者认为有一种被体制忽略的感觉，游戏中的亲身经历相当于学生在教育体制中的经历，它只专注于规则与法则，没有考虑到它们对学生造成的负面影响。同时领导和跟随的亲身经历使一些学生开始同情面临窘境的城市教师们，他们在照顾学生的同时，还要确保在高风险测试中达到可接受的水平。他们同情许多教师所面临的双重束缚，为了保住他们的工作不得不遵循官僚主义的约束，但又感觉到这样并不完全符合学生的最大利益。

这些学生开始对学校体制性的压迫进行智力探索。这次探讨活动使他们对体制的压迫有了一次体验，通过哥伦比亚催眠的隐喻，他们用身体了解了自己的亲身经历。一个学生课后写信给我说："今天我体验了那种被压迫、压迫他人的感觉，通过这次课，我知道了一名教师对学生的影响有多大。"

根据 Brookfield（1995）的理论，反思实践的挑战之一就是克服我们自己观点的局限性。我们是用自己设定的框架去看世界，我们把这些假设误认为是真理。反思取决于我们揭露这些假设的能力（Brookfield，1995）并"重塑"我们的经验（Schön，1983）。对这些学生而言，自身体验使他们能重构体制性压迫的概念，所以他们可以从一个具体的、情感的角度来理解。他们经历的具体过程为 S—STEP 研究的"构建和重构"提供了潜在的方法。

沟通身体的认知

把鼓励身体的认识作为研究起点的讽刺意味在于：如果通过传统的传播方式与他人分享身体认知，最终总是被解释成更传统的语言形式。这就是 Pagis（2009）所说的与他人沟通身体反思的"方法障碍"（第268 页）。据帕吉斯所说，冥想者在沟通中发展他们的专业知识，但逐渐不再依赖交流与社会融合，而是在反思能力方面更加自主化，从而减少与他人分享成果的需求和愿望。但是我仍然不相信这个概念，更想看到以另一种反思方式来进行探究，用最强大的、动态的方式来揭示真理。当然，在 S—STEP 的研究中，"面对公众"的行为是一个基本的方法问题（Samaras，2011，第 81 页）。

　　然而，我的切实感受是有一些短暂的对身体的认知，不能完全用词语等以口头语言形式表达、分享和理解。这不仅与传播具体研究调查结果相关，甚至与参与研究者理解他们的亲身经历有关。第一次报告研究结果时，我发现了通过反思研讨会进行数据收集的窘境。当时我确信强大的学习效果起作用了，小组的经历似乎发生了一个巨大的转变，但后来当我描写那段经历时，发现没有任何口头依据。尽管有音频和视频记录，还是没有捕捉到任何有形的数据作为依据。研讨会的记录大多是半句话，然后是手势表达，肯定的表态，欣赏、惊喜和赞同的感叹。

　　Weber 和 Mitchell（2002）讨论了身体的信息表达问题，即 S—STEP 研究通过戏剧表演进行的演示，以及以学术文章传播研究成果的形式。正如他们所解释的，"写你自己是一回事，但把所写的内容具体化是另一回事"（第 122 页）。Lussier—Ley 试图通过拟人化的身体创造性的解决方案，克服在自学中自我反省研究的"方法障碍"。她的自学工作始终是通过她"自己"和"身体"之间的对话交流反馈信息。

　　最近，我也寻求以艺术的方法来传播研究，并尝试通过互动来展示具体的研究结果（Patrizio 和 Forgasz，2013）。在展会上，人们自由走动交谈，用真人大小、摆出各种姿势的纸片人作为研讨会展览的一部分。每个真人图像旁边放一面镜子，并向每位参会者发出这样的提问：

　　　　每个真人图像旁边是一面镜子。当你模仿真人图像时，使用镜子的反射引导你调整动作，这是一种对于身体的思考。你自己的身体姿势上表现了什么情绪？你能认识到这种情绪吗？你是什么时候（为什么）感觉到的？

　　在参与者体会了这种情绪感觉后，我们向参与者进行揭示：他所模仿的真人图像里，包含了哪些原研讨会的参与者试图通过这些图像所传达的情感。通过这样的方式，我尝试着先把数据图用身体语言来表达，然后再用口头语言或书面描述来表达。正是这个方法（通过具体的过程与信息结合）为观众创造了这样一个亲身经历的机会，并使数据和之后的研究结果有了逻辑的理性解释。

　　所有这些例子都在以艺术形式传播研究结果。以剧院为基础的探究方法，如表演人种论和逐字戏剧，作为数据收集和传播的具体方法的研究都具有特别意义。但我怀疑艺术形式的探究方法即使可行，也还不足以满足研究，他们也将把目光从精巧的认知和存在方式上转移（Finley，2008），从而着重了解身体经验和肢体语言。

无论如何，如果体现的反思是 S—STEP 研究的有效方法，那么与其合作的人将继续开发令人信服和具有真实代表性的模式，以便从研究中捕获、呈现信息。这样做，我们很可能要挑战研究传播的有效形式的界定。

总结

参与 S—STEP 研究的决定需要具有不怕招致批评去看待自己的意愿，解开自身的复杂的思想、情绪、假设、历史和愿望，激发教育学行为及反应。这种大胆剖析自身身体奥秘的探索，才会被纳入 S—STEP 的研究。

在本文中，我提出身体不仅仅是现实背景下客观和主观性的定位，它还会说话和认知。我们可以用身体并通过身体去了解，这些都能提供令人兴奋的 S—STEP 的研究途径。通过自学研究，我们了解自己的身体反应，并将其作为合理的自我反省活动。我们通过自学了解身体，意味着将跟随身体经历的知觉以达到自我理解，正如我们可能通过脑力过程来了解一些东西一样。

鉴于我们与自己的身体预先建立起来的联系，以及身体在运动学规律中的核心作用，我们的体育教育、戏剧和舞蹈可能是发展 S—STEP 最好的身体研究载体。这种方法的发展不仅有利于我们自己的研究，还可以推广到更广泛的 S—STEP 社区，把对身体的认识和体验看作是身体的智慧、认知和反思。

参考文献

Boal，A.（1995）. *The rainbow of desire*：The Boal method of theatre and therapy（A. Jackson，Trans.）. London：Routledge.

Boal，A.（2002）. *Games for actors and non — actors*（A. Jackson，

Trans. ,2nd ed.). London:Routledge.

Bresler, L. (Ed.). (2004). *Knowing bodies, moving minds: Embodied knowledge in education* . Dordrecht: Kluwer Academic Publishers.

Brookfield,S. D. (1995). *Becoming a critically reflective teacher* . San Francisco:Jossey—Bass.

Brown, T. D. , & Penney, D. (2013). Learning 'in', 'through' and 'about' movement: *The new Victorian Certificate of Education Physical Education. European Physical Education Review*,19(1),39—61.

Damasio, A. (1999). *The feeling of what happens*: Body and emotion in the making of consciousness . London:W. Heinemann.

Finley,S. (2008). Arts—based research. In J. G. Knowles & A. L. Cole(Eds.),*Handbook of the arts in qualitative research*:*Perspectives, methodologies,examples and issues* (pp. 71—82). London:Sage.

Jordi, R. (2010). Reframing the concept of reflection: Consciousness, experiential learning, and reflective learning practices. *Adult Education Quarterly*,61(2),181—197.

Lawrence,R. L. (2010). Editorial. *New Directions for Adult and Continuing Education*,134 (Summer),1—3.

Lussier—Ley,C. (2010). Dialoguing with the body:A self—study in relational pedagogy through embodiment and the therapeutic relationship. *The Qualitative Report*,15(1),197—214.

Markula,P. (2004). Embodied movement knowledge in fitness and exercise education. In L. Bresler(Ed.),*Knowing bodies,moving minds: Embodied knowledge in education* . Dordrecht: Kluwer Academic Publishers.

Michelson, E. (1998). Remembering: The return of the body to experiential learning. *Studies in Continuing Education*, 20 (2), 217 — 233.

Pagis, M. (2009). Embodied self reflexivity. *Social Psychology Quarterly*,72(3),265—283.

Patrizio, K. , & Forgasz, R. (2013). *Visual imagery, emotion and reflection* [Exhibition]. Blacksburg: Virginia Polytechnic Institute and State University.

Polyani, M. (1958). *Personal knowledge. Towards a post critical philosophy.* London: Routledge.

Robinson, K. (2006). *Why schools kill creativity: The case for an education system that nurtures creativity.* Presented at the TED Conference, Monterey.

Samaras, A. P. (2011). *Self — study teacher research: Improving your practice through collaborative inquiry .* Thousand Oaks: Sage.

Schön, D. A. (1983). *The reflective practitioner: How professionals think in action .* London: Maurice Temple Smith.

Slieker, S. (2011). *The walk of the drum: Opening meditation .* Retrieved from http://monotremes. com/walk—of—the—drum. html.

Weber, S. , & MItchell, C. (2002). Academic literary performance, embodiment, and self — study: When the shoe doesn't fi t: Death of a salesman. In C. Kosnik, A. Freese, & A. Samaras (Eds.), *Making a difference in teacher education through self—study* (Vol. 2, pp. 117— 120). Toronto: Ontario Institute for Studies in Education, University of Toronto.

职业发展中的自学研究：一些来自经验的反思

卡尔·阿塔德 （Karl Attard）

介绍

我是一名资历较浅的教师，在一个被许多人认为很难通过面试的学校里上课。第一年，每天下班回到家时，已经累得没有太多的精力去备课，更不用说分析自己的教学实践和职业发展目标了。感觉自己像被扔进了一个未知的星球，一切都是新的。在这种情况下，我的主要目的是生存，这是新晋教师的同感（Brouwer 和 Korthagen，2005）。此外，我想通过复制其他教师的工作方法来站稳脚步，那是我学到的一种常见的生存策略（Griffin，2003；Weiss，2001）。我只是一个普通的摸索专业教学的老师。

随着时间的推移，我对工作越来越得心应手，也越来越适应老师这个新角色。不知不觉地我待在了自己的舒适区里，按照自己的习惯处事，也不考虑我的实践。因为这个舒适区，我很少质疑我的做法是否应该改进以便于学生的学习。我默默地从同事经验中学习，如同 Schön (1983) 和 Mason (2002) 争论的那样，很多知识可以从实践中学习。但很快，学识被这样的毫无质疑的做法所取代。在现实中，我们有时发现自己还没有意识到学会去做某事，就已经会做了。因此，这种习惯性的做法形成了专业的假设，从业者并没有意识到，后来却发现不知如何描述。

卡尔·阿塔德(Karl Attard)

马耳他大学，马耳他

邮箱：karl. attard@um. edu. m

自学研究应该采取正确的方法而非过度依赖经验

因此，假设和习惯做法很早就在我的教学生涯中形成了。经过一段时间后，如果没有分析，没有新的尝试，这些被认为是资历较浅的教师就会被困在他或她自己的习惯中，无法清楚地描述这个假设是如何变为习惯做法的。Dewey（1938）说，"经验可以增加一个人在特定方向的自主技能，但它依旧倾向于一种特定的轨道和路线，也会缩小进一步去实践的范围"（第 13 页）。这是因为习惯使我们不断重复我们的实践，限制了我们看到其他可能的实践的替代方法，然后止步不前，不能得到新的实践经验（Day，1999，2004；Loughran，2006；Mason，2002）。

在我第二年的教学中，学校引入一个全新的课程大纲，进行体育教育考试改革，逼得我走出了我的舒适区。这些变化成了关键的转折，我不得不改变习惯以进行新的实践挑战（Kelchtermans 和 Vandenberghe，1994；Schuck，2002）。但是，有一个改变习惯做法的先决条件，就是不能只是改变一种习惯而不去分析这个习惯。以吸烟为例，除非吸烟者认真分析他或她之前的习惯并下定决心尝试改变，否则是不可能戒烟成功的。通过这样的分析，我开始质疑过去理所当然认为的东西，即习惯做法和构成这种做法的假设。对习惯做法质疑并在之后做出改变就是反思自学研究的标志。

> "改善"不仅仅是为了变得"更好"，而是通过质疑那些理所当然的、习惯性的、舒适的东西，从而变得"不同"，才能不断地采取找问题的教学姿态。带着信心质疑才能产生一个新的可能性及行动方向（Ghaye，1998，第 67 页）。

正如我在个人期刊中所说，"如果我们要变得渴望学习，促进学习变革，我们就需要让有目的的学习和改变的过程同步进行"。

Clark 和 Hollingsworth（2002）都认为，要明白变化是一个复杂的过程，不可避免地需要进行学习。此外，如果练习者进行更深的理解和学习，看到学习的效果，就必须了解出现的变化和实践的改进。正是这个原因，加上我开始做的博士研究，才使我从事了自学研究。这样的研究最符合我的需求，因为我赞成 Zeichner（2007）提出的"拒绝研究的二元论，它有助于更深层次的理论理解或是实践的改进，但又认为自学研究应该努力同时实现两个目标"（第 36 页）。

在本文里，请允许我通过我参与反思式的自学研究，与读者分享我所学到的东西。这样尝试的结果，使我得到了 Berry 和 Kosnik（2010）罕见的在自学研究中的大量表述，并重新分析可用的数据。我运用过去10 年来我在个人期刊中自学研究的摘录，来加强此论点。

理所当然的专业假设

通过自学研究，我开始相信教师学习的最重要的一个方面是审视自己潜移默化的理解以及理所当然的假设（Loughran，2006）。它更加强调这些理解是如何对经验进行诠释的以及知识的构建方法（Nissilä，2005；Orland－Barak，2006）。因此，错误的假设可能扭曲我们的观点，使我们在教学中产生误解。

根据个人经验，我认为在深入地、批判性地分析自身的假设时，确实存在缺陷，而且我试图重构这些假设。事实上是改革式学习的基础（Kraft，2002；Ward 和 McCotter，2004），因为当我改变了我的信念，我就越来越意识到我的实践也必须做出改变。这为 Sparks（2002）和 Coburn（2003）的工作提供了进一步的支持，他们认为在假设的变化和专业实践的变化之间存在着相关性。在现实中，"如果学习停止，变化就停止了，我们将在一百年后还继续做着我们正在做的事"。这是我参与自学研究反思之前的真实感觉，我的经验与洛克福德（Lockford's，2002）的陈述产生了共鸣：

> 随着时间的推移，演员变得完全习惯了，熟练了，生活在
> 自己的角色中，并根据需要演出该剧本，哪怕这部戏没有感情
> 的宣泄，也照样演，唯一感觉舒服的就是对习惯的熟悉（第
> 78 页）。

我并不是说，如果不去分析经验，体验式学习就不可行了。而是这种学习大多是默认的，而且参与者不可能完全掌控自己身体里已默认的认知。更糟糕的是，被默认的理解控制着人对未来体验的看法。自学反思是从专业经验中学习和探究自己被潜移默化的认知，是有基本意识

的。对于有实践经验的研究者而言，经验和自学研究的反思形成了共生关系。事实上，自学研究使我成为一个知情的决策者，并让我更好地控制和理解我的行动及操作环境。同样，我不是说习惯性做法的出现永远不可信。对专业实践有害的是，从不分析这些习惯做法和专业假设，也没有在必要时进行改进。所以，不论是否已达到既定结果，我们的做法永远不会发生改变。根据 Schön（1983）所说的，"当这种情况发生时，参与者已经过度地学习他所了解的，那么反思可以作为过度学习的一种矫正"（第 61 页）。

学习与自学研究的关联

专业发展机会应与教师的需求直接相关。果真如此，那么教师的学习和实践的改进就更有可能（Hunzicker，2011）。如果新的学习与我所需要的相关，如它与我所发现的问题相关，我已经觉得需要做些改变了。但是，如果学习与我所需要的没有直接的相关性，并且还是高度抽象的，或被认为是远离我作为教师教育者所面临的现实，它还是被忽略或只是被藏在了我的舒适区，很少去挑战我的习惯做法，那么，这种新的学识很少会带来实践的改变。

不幸的是，许多教师抱怨传统专业的发展机会通常缺乏相关性。但相反，自学研究，尤其是在从事自学研究的专业社团中进行时，却可以促进学习的直接相关性。事实上，我经历了从反思自学中产生的与学习的直接相关性，而且适用于我的需求。在这样的情况下，我就很难成为自己牢笼里的囚犯（WestEd，2000）。通过自学提高学习的相关性不需要一个预先设定的日程，也不需要事先确定要发展哪一方面。相反，在专业方面需要由从业者根据自己的判断进行选择，即出现的问题和直接影响。正如我在我的个人杂志中所说，"像学生一样，老师觉得需要谈论一些困扰他们的东西或他们真正感兴趣的东西"。根据 Loughran（2010）所述，自学研究为实践者提供了深入探讨这些问题的机会。正如 Campbell（2002）提出的，"教师研究自己的课堂教学就有可能在教师的心中、脑海里，在他们的生活和工作中有所收获"（第 31 页）。

这样的说法在我最近的一项研究中得到印证，这个研究使反思自我学习在合作的环境中得以推广。其中，一个参与者说："这是在我的教学生涯中遇到过的最好的专业发展形式。"（Attard，2012，第 210 页）这也是所有参与者后来的回应，他们具体说明了与学习的相关性，帮助他们得到了这样的专业发展机遇。参加者还说，相比传统的课程而言，他们工作得更努力。另一个参与者说："能自由地反省和讨论我们认为相关的话题，确实让这个经验更具积极意义，我投入复杂专业的学习热情也提高了。"（Attard，2012，第 208 页）

在自学研究中与他人讨论、合作

与其他专业人士交流能获得反馈，并获得不同的观点。遗憾的是，这对如今依靠行政工作和繁重的工作量推动发展、孤立自身专业的教育机构而言是不太可能的。在同样的情况下，协作和分享很有限，最糟的是根本不存在这种协作与分享。但是，当我致力于我日常的反思记录时，我觉得我需要与人交流、与人争论，借此去提问并给出假设的答案。就像 Mills（1959）说的：

> 我不知道最好的智慧沟通的所有社会条件是怎样的，但肯定是围绕在一个懂得聆听和交谈的人们周围，有时他们是虚构的人物（第 1 页）。

因此，我开始写日志与自己交谈。现实中，我正在与自己交谈，但日志就像另一方：交谈的伙伴（Meriläinen 和 Syrjälä，2001）。日志里神奇的自我交流非常像两个或多个人交谈的情形。在非正式谈话期间，没有人可以预先确定这个对话的结果。日志促进了内部的反思对话——与自己对话。在非正式谈话中能发现同样的不可预测性（Conle，2001；Glaze，2002）。事实上，虽然写日志时有多个自己和我不断地争论，感觉就像我正在辩论一般。因此，我同意 Ellis 和 Bochner（2000）的观点，"我们构建的叙述呈现了多种层次的意识"（第 739 页）。推测这些多重自我的角色很有意思。在分析我的个人日志时，我能很清楚地想象出自己在不同场合下的角色：从父母到学校管理员，从学生到政策制定者，从即将成为教师的人到教师教育者，从体育教师到精英运动员。无论是我进行自学反思时的哪个角色，目的都是试图获得有关于这个问题的不同观点。

但为什么自我对话有益于进行自学研究的参与者呢？Bohm（1990）建议，通过对话我们能够公开我们的信仰以及实践理论，揭露我们的理解和我们的知识；通过对话学习可能会影响我们的行为。但是，在与自己交谈时会保持这些争论吗？通过我的个人经验与自学反思，我认为上述论点确实存在。重要的是，"它使许多的声音和观点都具有了价值"（Brunner，1994，第17页）。Schön（1983）提倡内部对话是反思的必要条件，这并不奇怪。也许各个领域对反思的定义仅仅是指从业者从各种角度研究问题时，在专业实践的方面与他或她自己交谈的能力。

虽然这样的内心交流是珍贵的，但如果没有乐于批评的朋友，便会限制人们的专业发展。目前，我就被这样的朋友围绕着，可以与他们分享、讨论与实践相关的各种问题。通过这种合作实践似乎推动了我的专业发展。与其他专业人士的探讨，如今也将我的理解提高到了一个新的层次。这种新创造的认知对他们也是有用的，对他们来说这样的探讨也能唤醒他们的实践和研究方面的思考，直到这些认知不再有利用价值。这是互惠的，因为多数情况下同事与我分享他们的新见解都会促使我进一步研究特定的问题，有时也使我怀疑自己的假设。

> 一旦我遇见了我的同事，他就和我谈他与学生们遇到的一些问题。他认为改变还是需要的，但不确定路要怎样去走。当他问我的意见时，我告诉他，我从来没有遇到过那个问题，但在现实中，不被注意的并不意味着那种情况不成为问题。我答应他（我的同事）会询问我学生的意见，并且一有想法就给他反馈（个人杂志）。

当与同事讨论专业问题时，他们的质疑以及他们想了解你的看法的愿望也是有价值的。因为当你回答同事的问题时，你也在试图表达你的想法，促进了问题讨论和进一步思考，随后进一步促进知识的建构，促进专业学习并改进实践。

但为什么协作式自我学习能够有益于个人的进步呢？简单地说，是因为观念不同的人同时研究一个问题时比独自思考的时候更有启发。参加了在前面提到的促进自学教员和研究人员之间合作的研究者认为"接触多种观点是一个向这个学习社区学习的巨大机会"，而且"通过公开的反思使自身的专业发展得到很大的提高"（Attard，2012，第203

页）。在合作自学期间，参与者通过彼此原有的知识来构建新的知识和思想（Orland-Barak，2006）。Clokey-Till（2001）这样描述这个过程的好处：

> 正是我们这种学习的社会性质使我们的成果远远超出个人的成就。很难分辨一种思想的起源。即使一个人首先产生了这种想法，但它往往是在与他人的交流中才得到进一步发展（第204页）。

这样，合作参与者就被定位成了共同学习者（Le Cornu，2005）。自学参与者、研究者之间的这种协作实践是额外的推动作用，因为它有助于研究者个人更深入地探讨与自己直接相关的实践活动。因此，公众的分析不应该被看作是终点；相反，它是一个跳板，是个人自学反思的重新开始。因为在协作的过程中，知识的构建在个人和公众分析之间交替，促进了彼此专业假设的再度思考（Orland-Barak，2006）。

但如果协作过程是教师专业发展的一个强大的工具，还有必要在个人基础上进行自学反思吗？在任何一种专业发展中，个人的认同至关重要（Tillema 和 van der Westhuizen，2006；Calderwood，2000）。所以，知识创造需要始终围绕个人，从个人开始。虽然在合作的环境中的支持是可取的，个人还是需要回到图板前，看看新知识是否可以适应，是否是根据具体的情境进行分析的。例如，采取行动的决定是个人层面的，自学研究者不应该被朋友限制住自己的行动，因为这种做法会影响到个人的专业发展，会丧失学习的相关性。任何协作过程都应该促进专业学习，帮助个人做出知情决策而不是提供一揽子的解决方案。因此，虽然合作的自学研究者们聚在一起学习，彼此相互帮助，但每个人都需要根据自己的情况采取最适合自己的决定。主要的区别在于每个人的学习都不是孤立的，都可以与其他人相互补充。

不幸的是，文献中的案例都是把意见一致当作目标（Collin 和 Valleala，2005；Stacey 等，2004）。例如，一位在考尔德伍德任教的老师（2000）研究表明，在她经历的合作环境中，从业者总是对没有达成共识感到有压力、不舒服。遗憾的是，寻求极端的共识往往限制了各种方案的探索（Johnson，2003）。这是不应该发生的，这样的协作不仅没有促进作用，反而会阻碍参与者的自学反思。

各种信条和冲突观点的表达非常有助于公开的分析和最终的学习（Watkins，2005）。这是因为面对观点或争论时，我们就会开始质疑和分析与我们相矛盾的意见。这与分析新提出的论点和想法是并行的。这就是为什么赞同相左的观点是一个重要条件，因为它促进了不同意见和理解的表达，特别是不同的专业人士有着不同的实践和假设，这是不可避免的。不要把它看成一个问题，要把不同的观点视为天赐的，因为不确定的和冲突的观点是另一种福气（Attard，2008）。至关重要的是，有必要理解"关联性和自主性不是对立的，有时它们是可以被描述出来的"（Watkins，2005，第52页）。因此，对假设的质疑在暴露于各种观点时会得到额外的发展，因为与朋友学习会成为一个"辩证的过程，可以测试自己对他人的看法，并与他们的论点进行辩驳"（Stacey等，2004，第108页）。因此，特别在进行不受自身蒙蔽的个人层面上的自学反思时，被其他自学研究者包围着是值得的（Attard和Armour，2006）。

自学研究的陷阱

自学并非都是乐观的。终点难以捉摸，这是一条颠簸不平的道路，这趟旅程目的地是比我们的起点更好的地方。难以捉摸是因为通过自学反思的专业发展是一个永无止境的旅程。只要我们意识到总有改进的余地，这就是说得通的。让我们去了解为何旅途如此颠簸，其中一个原因是没有最终结果和不确定性，终点才难以捉摸；另一个原因是不断地进入未知的冒险，特别是相关的专业实践。这是因为新的学习应该以改进专业实践为目的，去寻求方法。如果在实践中不加以运用，那进行新的学习又有什么用呢？最后，自学反思不能保证目的地一定会更好，因为自我欺骗的结果总是不确定的。毕竟，"自学研究的目的是不屈于现实，挑战和带来启发，而不是所谓的确认和解决问题"（Bullough和Pinnegar，2001，第20页）。

自学研究中忍受不确定性和未知的重要性

因为我自己自学中的实践与决定，让我成了新的学习和新见解的知情的决策者。但是，读者不应该错误地认为自学研究者是确切地了解正在发生什么，采取什么行动的人。事实上，Fitzgerald等（2002）就断言，"自学研究的工作并不总是解决眼前的问题"（第 77 页）。如果不意识到这点，并有意或无意地忽略探究的消极方面，初学者在遇到问题时就会确信他们无法完成任务，因为"专家"都没遇到过这样的问题。然而，我的经验认为，在学习和更深刻的理解的旅途上，跌宕和颠簸的道路比平稳的高速公路更常见。在各种场合，我曾写道，"我头脑中的混乱，就像一团火焰"。因此，我发现自我学习就像很难处理、复杂而混乱的地形。

对教师和教师教育者来说，专业实践是动态的、混乱的、不确定的（Richert，2001），而对于 Borko（2004）来说，"有意义的学习是一个缓慢而不确定的过程"（第 6 页）。因此，自学反思主要的两个领域（专业实践和专业学习）的形式都是不确定的。难怪作为一个专业人士，我的生活充满了窘境、不完整和不确定性。但是大多数人自学反思之前都没有注意到这一点。有趣的是，与创造不同的是习惯做法，自学反思并非是简化教育和学习的过程，相反，它使我意识到老师生活的复杂性，因为我开始质疑之前那些理所当然的事物。结果是我很快会常常意识到"我写得越多，我越感到困惑"。

即使在今天，经过 10 多年的自学研究，我的问题的答案更多的是似是而非的，而现在，几乎也都是不确定的。因为我们使用熟悉的习惯来探索未知，项目的持续变化开始带来风险。这就是为什么做出改变是如此困难，因为人类偏爱用熟悉的习惯去探讨未知的风险。因此，通过参与自学反思，那些旧的传统、习俗的确定性和技术效率就不再是实践的理性依据，取而代之的是动态的探究过程（Parker，1997，第 122 页）。

不确定以及看不到结果也影响着一个人的情绪。当尽我所能，却得不到自己寻找的正确的和可下定义性的答案时，我就觉得很恼怒。这种情况下，我唯一能做的就是暂且不要答案，因为"理解并非总是顿悟的"（Oosterheert 和 Vermunt，2003，第 162 页）。接下来我会进一步观察，反思之前的和新的观察，并重新处理还未解答的问题。因此，在自学反思中，研究参与者必须进入暂时不知的状态，稍事等待并怀抱柳暗花明的希望进一步进行观察和分析。教师和教师教育者在面对复杂的问题时没有简单的解决方案，那些看起来简单的解决方案通常也不是合

适的解决方案（Houston 和 Clift，1990）。因此，我同意 Campbell
（2002）的观点，在各种情形中，研究参与者必须能够做到：

> 自信地承认"我观察过依据，它增加了我的知识和见解，
> 对我的实践产生了影响，但我撞了南墙，我不知道下一步该做
> 什么"。也要能够带着这种忐忑去生活："感觉真糟糕啊，不想
> 去任何地方或做任何事"（第 30 页）。

在这里我必须指出，虽然在初期阶段我不能忍受暂时的未知，但后
来我意识到这样的暂停状态促使我进一步实践分析。是怀疑和不满让我
更深入地探究我手上的问题，不确定以及看不到结果激励着我进一步学
习。这与 Dewey（1910）的论点是一致的，即疑问能激发进一步的探
究。经过这样一番认识后，我不断采纳 Grant（2001）的不确定性探究
的立场，不断地质疑自己的理解。因此，虽然在某些阶段我在自己的杂
志评论"不确定性是一件可怕的事情"，但我曾在许多场合中指出，在
我的职业生涯中我想要保持一颗忐忑的心。

> 如果我被足够的确定性包围着，那么我会间接地说我的学
> 习足够了，而这的确是一个悖论。如果我真的这样做了，我就
> 会停止反思和学习，因为没有什么不确定的情形会促使我去深
> 入探究各种问题。那会是令人感到羞耻的事。

作为自学研究者，我们不能对自己的学习没有耐心。我们不应该急
于做出改变并得出结论，因为学习伴随着不确定性和没有结果的可能性，
尤其是要考虑到把问题搞明白不是分分钟的事情，而是一个需要时间累
积的过程（Czarniawska，2004；MacLeod 和 Cowieson，2001）。因此，我
对具体问题的结论都是暂时的，因为我总是为通过新的理解和学习而获
得的结果留下可能犯错的空间。Bullough 和 Pinnegar（2001）认为，"在
自学研究中，结论很难得出，并且难以捉摸，一般情况下更难验证"（第
20 页）。这就是所谓的不确定性，没有结果的可能性，困惑和窘境，换句
话说它们都强调缺乏一个明确的做事方式。如果有一个明确的操作方式，
那么自学反思就毫无意义了，而技术理性分析会是最好的办法。然而，
实际上自学研究者需要的是一个永无止境的过程，分析各种可能的解决
方案，伴随他们的最终目标需要不断地变化，不断地改进。

探究过程最重要的是探索本身，因为在寻找许多似是而非的答案时，可以想象出许多可能性以便于思考、分析和实践。这使得自学反思成为一个持续和永无止境的过程。另一方面，Schön（1983）始终认为，许多从业人员没有系统地分析他们的实践：

> 在保持认知实践的恒定性、选择性不够集中，分类型、情境控制等技巧方面很熟练。对他们来说，不确定性是一种威胁，承认这种威胁是软弱的标志（第69页）。

因此，虽然不确定性被技术专家视为软弱的标志，但是不确定性是自学研究者不断增长、发展和学习的标志。

把新的学习转变为实践的改善

更好的理解是改变习惯做法的先导，但简单的"理解不意味着改变"个人杂志。正如Clark（1995）认为，找出危险或机遇是一回事，把它们付诸实践是另一回事（第27页）。因此，自学研究者需要下定决心不断改进实践。这是不容易的，因为为了专业发展去改变习惯做法，会加剧不确定性的感觉。因此，"保持现状比实践者开始一项需要改变、勇气和决心的项目更容易"个人杂志。

虽然改变专业实践需要努力和决心，但是这是进一步专业学习的前导。因为这样的改变能够为自学研究者提供其感兴趣的丰富的专业领域的新数据。如果之前的学习没有应用于实践，那么得出的数据将趋于饱和，观察不到任何新的东西。自学反思过程会被突然终止，并与自学反思是永无止境的观点背道而驰。

自学研究并不简单

在我参与反思自学的整个过程中，我越来越相信，在不断的研究中进行学习并不那么简单。因此，对于研究参与者来说，仍然存在自己愚弄自己的可能性（Fendler，2003）。正因为这样，我不仅开始质疑自己想当然的实践假设，我也开始质疑自学反思中产生的一切结论。因此，我并不认为"教师"的行动要更好些，因为他们负有更多的目的性。重新分析我以前在学习方面的问题，主要是因为我的洞察力和新的理解对进一步的观察和实践分析无法起作用。因此，我经常问自己："这是正确的吗？或者这是我希望相信的吗？"（个人杂志）这就是为什么我会建议与一些有自学研究经验又热心于给出评判看法的人做好友，因为他们的建议可能很珍贵，特别是当他们点醒了你身体中沉睡的那个询问者时。这些观点有可能挑战或证实我在自学过程中出现的观点，其结果是对我的观点进行彻底、重新的分析。正如 Mills（1959）所说，"我试图通过不同的角度来思考，这样做……让我的心灵成为一个移动的棱镜，尽可能多角度地去捕捉那些光束"（第214页）。如果相信教师和教师教育者终身学习的力量，那么这肯定是一种使人进步的方法。

小结

本文介绍了自学研究者在研究过程中可能遇到的各种方面的问题，而知识生产的目的是更好地消化理论和改进实践（Zeichner，2007）。本书的开始部分向读者介绍了自学研究对于解决教师和教师教育者被困在舒适区这样的问题具有怎样的价值；在舒适区里他们的专业实践可能成为习惯性，专业的决策是基于不被质疑的假设。实践中的学习相关性是催化剂，把改变融入专业实践中，目的是不断改进。增强这样的学习也可以借助其他自学研究者的协助，因为将自己的观点暴露在他人面前，能够丰富我们自己的思维过程。本文的第二部分强调了自学研究者努力和坚持的重要性，这样才能使专业有所发展、研究工作向前推进。例如，对不确定性和未知的容忍能力对研究者来说很重要，正是这些方面使他或她在进一步收集研究数据时探究更深刻。对所有研究人员尤其是自学研究者来说确实如此。另外，这一点对自学研究者重新思考过去的学习来说也很重要，因为我们对一种现象或情况的理解总是片面的。实践中的新发现或接触不同观点可能会对过去的学习产生疑问，因此应该对过去的学习进行重新考量。

最后一部分是，以前对体育教师专业发展的研究（Armour，2007；Craft，1996；Duncombe 和 Armour，2004）报告说，体育教师认为只有当专业发展机会能够提供实用及相关的建议、提供具有挑战性和发人深思的问题、给个人提供机会和协作进行反思并从真实教学中构建学识时，专业发展才具有前途。特别是当其他自学研究者围绕在我周围时，这些元素都在我的研究过程中出现过。因此，毫不奇怪，在协作环境下参与自学反思是有促进作用的，参与者表示这是他见过的最好的专业发展模式，"我把它看作是一个学习孵化中心"（Attard，2012，第210页）。

　　我试图简要地分享一些自学反思方面的心得，虽然不详尽，但我相信这些都是我从未停止的研究路程的突破点，是自学研究者专业发展的工具。作为对读者最终的警示，我要强调自学反思的结果与我们的DNA一样独特。因为每个人的专业学习经历都是不同的，因此自学反思的结果也是独一无二的。有了这样的认识，我也不把上述论点作为蓝图。但以上所述的方方面面意在指导读者去理解自学反思的各个方面，这些都是自学研究者在踏上独一无二的旅程中会遇到的。

参考文献

Armour, K., & Yelling, M. (2007). Effective professional development for physical education teachers: The role of informal, collaborative learning. *Journal of Teaching in Physical Education*, 26, 177—200.

Attard, K. (2008). Uncertainty for the reflective practitioner: A blessing in disguise. *Reflective Practice*, 9(3), 307—317.

Attard, K. (2012). Public reflection within learning communities: An incessant type of professional development. *European Journal of Teacher Education*, 35(2), 199—211.

Attard, K., & Armour, K. (2006). Reflecting on reflection: A case study of one teacher's earlycareer professional learning. *Physical Education and Sport Pedagogy*, 11(3), 209—229.

Berry, A., & Kosnik, C. (2010). A study is not just a story: Many ways to go beyond the story in self—study research. *Studying Teacher Education*, 6(3), 217—220.

Bohm, D. (1990). *Meaning, purpose and exploration in dialogue.* Available online at http://www. muc. de/～heuvel/dialogue/dialogue_exploration. html. Accessed 26 Feb 2002.

Borko,H. (2004). Professional development and teacher learning: Mapping the terrain. *Educational Researcher*,33(8),3—15.

Brouwer,N. , & Korthagen,F. (2005). Can teacher education make a difference? *American Educational Research Journal*,42(1),153—224.

Brunner,D. D. (1994). *Inquiry and reflection:Framing narrative practice in education* . New York:SUNY Press.

Bullough,R. V. ,Jr. , & Pinnegar,S. (2001). Guidelines for quality in autobiographical forms of self — study research. *Educational Researcher*,30(3),13—21.

Calderwood, P. (2000). *Learning community:Finding common ground in difference* . London:Teachers' College Press.

Campbell,A. (2002). Research and the professional self. In O. McNamara(Ed.),*Becoming an evidence—based practitioner*(pp. 27—36). London:Routledge—Falmer.

Clark,C. M. (1995). *Thoughtful teaching* . London:Cassell.

Clarke,D. , & Hollingsworth,H. (2002). Elaborating a model of teacher professional growth. *Teaching and Teacher Education*,18,947—967.

Clokey— Till, M. , Cryns. T. , & Johnston, M. (2001). Teachers learning together in forming a learning community. In B. Rogoff, C. Goodman Turkanis, & L. Bartlett(Eds.),*Learning together:Children and adults in school community*(pp. 199—208). New York:Oxford University Press.

Coburn,C. E. (2003). Rethinking scale:Moving beyond numbers to deep and lasting change. *Educational Researcher*,32(6),3—12.

Collin,K. , & Valleala, U. (2005). Interaction among employees: How does learning take place in the social communities of the workplace and how might such learning be supervised? *Journal of Education and Work*,18(4),401—420.

Conle,C. (2001). The rationality of narrative inquiry in research and professional development. *European Journal of Teacher Education*,24(1),21—33.

Craft, A. (1996). *Continuing professional development* . London: Routledge.

Czarniawska, B. (2004). The uses of narrative in social science research. In M. Hardy & A. Bryman(Eds.), *Handbook of data analysis* (pp. 649—666). London: Sage.

Day, C. (1999). *Developing teachers: The challenges of lifelong learning* . London: Falmer.

Day, C. (2004). *A passion for teaching* . London: Routledge Falmer.

Dewey, J. (1910). *How we think* . New York: D. C. Heath & Co. , Publishers.

Dewey, J. (1938). *Experience and education* . New York: Macmillan.

Duncombe, R. , & Armour, K. (2004). Collaborative professional learning: From theory to practice. *Journal of In—Service Education* ,30 (1),141—166.

Ellis, C. , & Bochner, A. (2000). Autoethnography, personal narrative, reflexivity: Researcher as subject. In N. Denzin & Y. Lincoln (Eds.), *Handbook of qualitative research* (pp. 733 — 768). London: Sage.

Fendler, L. (2003). Teacher reflection in a hall of mirrors: Historical influences and political reverberations. *Educational Researcher* ,32(3),16—25.

Fitzgerald, L. , East, K. , Heston, M. , & Miller, C. (2002). *Professional intimacy: Transforming communities of practice.* Available online at http://educ. queensu. ca/ ~ russellt/sstep4/volume1. pdf. Accessed 2 June 2003.

Gallagher, T. , Griffi n, S. , Ciuffetelli Parker, D. , Kitchen, J. , & Figg, C. (2011). Establishing and sustaining teacher educator professional development in a self—study community of practice: Pre—tenure teacher educators developing professionally. *Teaching and*

Teacher Education ,27,880—890.

Ghaye,A. ,& Ghaye,K. (1998). *Teaching and learning through critical reflective practice* . London:David Fulton Publishers.

Glaze,J. (2002). Ph. D. study and the use of a reflective diary:A dialogue with self. *Reflective Practice* ,3(2),153—166.

Grant,P. A. (2001). The power of uncertainty:Reflections of pre—service literacy tutors. *Reflective Practice* ,2(2),237—248.

Griffin,M. L. (2003). Using critical incidents to promote and assess reflective thinking in preservice teachers. *Reflective Practice* ,4(2),207—220.

Houston,W. R. ,& Clift,R. T. (1990). The potential for research contributions to reflective practice. In R. T. Clift,W. R. Houston,& M. C. Pugach (Eds.), *Encouraging reflective practice in education* : *An analysis of issues and programs* (pp. 208—222). New York:Teachers' College Press.

Hunzicker, J. (2011). Effective professional development for teachers:A checklist. *Professional Development in Education* , 37 (2), 177—179.

Johnson, K. A. (2003). 'Every experience is a moving force': Identity and growth through mentoring. *Teaching and Teacher Education* ,19,787—800.

Kelchtermans, G. , & Vandenberghe, R. (1994). Teachers' professional development: A biographical perspective. *Journal of Curriculum Studies* ,26(1),45—62.

Kraft,N. P. (2002). Teacher research as a way to engage in critical reflection:A case study. *Reflective Practice* ,3(2),175—189.

Le Cornu,R. (2005). Peer mentoring:Engaging pre—service teachers in mentoring one another. *Mentoring and Tutoring* ,13(3),355—366.

Lockford,L. (2002). Breaking habits and cultivating home. In A. Bochner & C. Ellis(Eds.), *Ethnographically speaking* : *Autoethnography,literature, and aesthetics* (pp. 76—86). Walnut Creek:Rowman & Littlefield.

Loughran,J. (2006). *Developing a pedagogy of teacher education* :

Understanding teaching and learning about teaching . New York: Routledge.

Loughran, J. (2010). Seeking knowledge for teaching teaching: Moving beyond stories. *Studying Teacher Education* ,6(3),221—226.

MacLeod, D. M. , & Cowieson, A. R. (2001). Discovering credit where credit is due: Using autobiographical writing as a tool for voicing growth. *Teachers and Teaching : Theory and Practice* ,7(3),239—256.

Mason, J. (2002). *Researching your own practice : The discipline of noticing* . London: RoutledgeFalmer.

Meriläinen, H. , & Syrjälä, L. (2001). *Autobiographical writing as a self — construction.* Available online at http://wwwedu. oulu. fi/homepage/life/heliisat. htm. Accessed 2 June 2003.

Mills, C. W. (1959). *The sociological imagination* . New York: Oxford University Press.

Nissilä, S. (2005). Individual and collective reflection: How to meet the needs of development in teaching. *European Journal of Teacher Education* ,28(2),209—219.

Oosterheert, I. E. , & Vermunt, J. D. (2003). Knowledge construction in learning to teach: The role of dynamic sources. *Teachers and Teaching : Theory and Practice* ,9(2),157—173.

Orland — Barak, L. (2006). Convergent, divergent and parallel dialogues: Knowledge construction in professional conversations. *Teachers and Teaching : Theory and Practice* , 12(1),13—31.

Orland—Barak, L. , & Tillema, H (2006). The 'dark side of the moon': A critical look at teacher knowledge construction in collaborative settings. *Teachers and Teaching : Theory and Practice* ,12(1),1—12.

Parker, S. (1997). *Reflective teaching in the postmodern world : A manifesto for education in postmodernity* . Buckingham: Open University Press.

Richert, A. (2001). The narrative as an experience text: Writing themselves back in. In A. Lieberman & L. Miller (Eds.), *Teachers caught in the action*: *Professional development that matters* （pp. 159—173）. New York: Teachers' College Press.

Schön, D. A. （1983）. *The reflective practitioner*: *How professionals think in action*. London: Temple Smith.

Schuck, S. （2002）. Using self — study to challenge my teaching practice in mathematics education. *Reflective Practice*, 3(3), 327—337.

Sparks, D. （2002）. *Taking personal responsibility for professional development that improves student learning*. Available online at http://www.nsdc.org/educatorindex.htm. Accessed 12 Dec 2002.

Stacey, E., Smith, P., & Barty, K. （2004）. Adult learners in the workplace: Online learning and communities of practice. *Distance Education*, 25(1), 107—123.

Tillema, H., & van der Westhuizen, G. （2006）. Knowledge construction in collaborative enquiry among teachers. *Teachers and Teaching*: *Theory and Practice*, 12(1), 51—67.

Ward, J. R., & McCotter, S. S. （2004）. Reflection as a visible outcome for preservice teachers. *Teaching and Teacher Education*, 20, 243—257.

Watkins, C. （2005）. Classrooms as learning communities: A review of research. *London Review of Education*, 3(1), 47—64.

Weiss, E. M., & Weiss, S. （2001）. Doing reflective supervision with student teachers in a professional development school culture. *Reflective Practice*, 2(2), 125—154.

WestEd. （2000）. *Teachers who learn — Kids who achieve*: *A look at schools with model professional development*. San Francisco: WestEd.

Zeichner, K. （2007）. Accumulating knowledge across self—studies in teacher education. *Journal of Teacher Education*, 58(1), 36—46.

Zellermayer, M., & Tabak, E. （2006）. Knowledge construction in a teachers' community of enquiry: A possible road map. *Teachers and Teaching*: *Theory and Practice*, 12(1), 33—49.

第二章　探究体育教育实践和学术理论的相互作用

　　探索自我的边界意味着转换内心的那根操纵杆；意味着要打开思想、心胸和意愿；意味着暂停过去的评判习惯；意味着转移情感；意味着放下将要消亡的东西，让等待萌芽的新生命出生[1]。

　　第二章整理了体育教育学者的八个自学研究系列。每篇都显示出自学是个人的努力，包含着反思行动改善教学和学习情况的考虑。首先要说的是，这些研究并不打算作为范例性的自学研究。相反，它们说明了行动的方法与"做"自学研究相关的实际问题是什么，以及"成为"一名自学者的含义。鉴于这些章节呈现的多样性，有些人甚至可能认为它们的贡献更多的是使方法论更为混浊，而不是更为清澈。为了排解这样的担忧，我们重申自学研究的目的是要在实践中不甘于现状、试着去挑战自己以及如何照亮自己，而不是应用、确认和解决先入为主的实践理念。从这个意义上讲，我们希望本章中的各篇能够表现出学者从事的各种形式的反思性探究，让他们重新思考他们的专业知识到底是什么，他们的教学表现得如何。同样重要的是，我们希望各篇能为其他热衷于改善体育教育实践者提供支持，并希望他们加入自学研究。

---

1 Scharmer, O., & Kaufer, K. (2013). Leading from the emerging future: From ego-system to eco-system economies. San Francisco, CA: Berrett-Koehler.

成为一名教师教育者：合理的参与、反应现状

安·麦克菲尔（Ann MacPhail）

研究的内容

最近，教师教育文献中的一些研究主题已经开始把注意力集中到教师教育者（作为一个独特的专业团体）身上，把他们看作改进教师教育质量和检验教师教育者专业学习和发展的关键角色（Bates 等，2010；Loughran，2006；Silova 等，2010）。这些主题包括：为教师教育的职业生涯确定一个有效的结构化预备路线，教师教育学最佳实践教学法，教师教育者的专业认同（个人和共同的），课程改革和教师教育者的专业发展机会，教师教育工作者间建立起专业发展社区。与最后这项主题相关的是，这些社区包括一批新的终身制教授参与到教师教育实践的自学研究中（Kitchen 等，2008），自学小组鼓励新的教育学教授/准教师教育者们认同教师教育（Gallagher 等，2011），并为一群想成为教师教育者的博士生们提出"成为教师教育者"的倡议，教师教育者开始从课堂教师到大学教师教育者过渡（Murray 和 Male，2005），以及一个建立在专业发展社区的专业发展项目，使教师教育者成为社区专注于教育思考的学习者（Brody 和 Hadar，2011，2010）。

一些研究考察过体育教师实践社区的发展和维护（Park 等，2010，2012；O'Sullivan，2006）。有证据表明，体育教师群体分享彼此的经验，并且定期交流如何做得更好，但似乎只有一项研究明确探索并提出了体育教育工作者通过实践社区进行专业学习（MacPhail 等，2014）。我承认作者分享了他们的担忧，就是情景学习的理论仍很欠缺（Handley 等，

安·麦克菲尔(Ann MacPhail)

利默里克大学,爱尔兰

邮箱:Ann. MacPhail@ul. ie

2006），所以实践社区有很大差异（Hodkinson，2004）。因此，Wenger（Etienne Wenger，1998）放弃了合理的外部参与的概念（Legitimate Peripheral Participation，LPP），转而使用内在的双重应力理念。无论如何，我相信 Lave 和 Wenger（1991）的 LPP 概念提供了一个有价值的框架，可以探索我的学习轨道如何促进或妨碍了大学系中全体参加体育教育实践社区（Community of Practice，CoP）举动。自学通过鼓励对自身学习转变的意识和理解，有助于自学研究的探究。自学是恰当的方法，因为它是由我的需要驱动，并专注于自身教师教育实践和学术的改善，赞同自身学习和教学之间的联系是自学的本质（LaBoskey，2004）。

　　过去十年来，我一直是一名体育教师教育者。第一次任职时，我就已经完成了四年本科的体育项目，承担学校的体育教学，完成了一个博士学位研究项目，主要调查在特殊体育课程开发倡议下关于社会建构的知识。博士研究不是在体育教育系完成的，因此我没有机会参与对（体育）教师教育计划的贡献。博士毕业后，在从事体育教育行业前，我当了三年的研究助理，一个可以为我提供进行实地研究写作和出版的职位，我玩命干着，因为我的工作越来越多地涉及体育教育的教师教育工作。也就是说，承认一直以来高等教育机构研究、教学和服务所具有的挑战性。如我曾提到的（Casey 和 Fletcher，2012），从研究助理转为教师教育者，我没有正式的专业准备，教师教育也还没有入门。事实上，有人说那些从事教师教育的人一旦接受教学就成为教师教育者，担任教师教育计划中的管理职位（Dinkelman 等，2006）。在过去的十年里，我一直在寻找并被赋予了去经历体育教师教育者经验的机会，从自身的学习实践经验到区分什么是最有效的设计方法，并提交一份有意义、有价值的体育教育计划。

本文的目的和目标

　　本文的目的是探索我作为体育教师教育者的学习轨迹。以合法外围参与者的身份考察教师教育者的经验，并研究他们与大学同事的互动（以及预备教师和教师，但不是这里的重点），有助于弄清哪些结构和"技能"对于有效、自信又具备能力的体育教育社区成员来说是必要的。由于对体育教育中的建构性学习给予了不断支持（Kirk 和 Macdonald，

1998；Light，2008；Rovegno 和 Dolly，2006)，所以这是与体育教育相关的问题。从建构主义的角度来说，是文化和社会两方面的学习，包括共同的学习互动与协作，以及与社会中更多知识渊博的个人互动（Biggs，1996；Lave 和 Wenger，1991)。这不是说为了成为有效的教师教育者，必须加入体育教育社区，而是说通过实践社区的框架能更好地完成真正可靠的学习。

在本文中，我在体育教育领域的学习记录将反映出 Lave 和 Wenger (1991) 的 LPP 概念，我想表明我的学习轨迹对促进或阻碍了体育教育实践社区的完全参与的程度。在每个有助于我们理解 LPP 的主要概念之后，我将我的学习记录放进包含"灰色区域"的两个标题下：第一，"加入体育教师教育行业"表示在成为体育教师教育者的最初几年，在加入体育大学的那一刻，我心里没有表现出一系列的体育教师教育者对体育教育共有的兴趣或是朝着共同目标去努力；第二，"成为体育教师教育者"表示我刚加入体育教育前三年的状态。这段时间显示有新任体育教师的加入，随着 PETE 的发展使教师可以在安全的体育教育实践社区内进行交流，如何提高自身教学能力，利用专业学习和发展机会，让我进一步认识到 Dinkelman 等（2006）所说的：

即使成为一名教师教育者，从开始工作的那一刻起，随着时间的推移，教师教育者的专业身份就确立起来了。在教师教育中所发展起来的认同感和那一套成功的实践方法最好被看作是个形成的过程（第 6 页）。

自学不是特定方法的集合，而是一种研究专业实践设置的方法论（Hamilton 和 Pinnegar，1998；Pinnegar，1998）。在讨论 Weber 和 MItchell（2002）关于"记忆工作"的想法时，LaBoskey（2004）解释说，记忆工作的关键目的是让过去的实践发挥作用：

其假设就是我们记忆的准确性并不重要，无论记忆的形态如何，都能影响我们身份的确立、我们当前的想法和未来的行为。因此，如果我们开始接近和探究那些记忆，那么我们就能更好地掌控它们以及它们对我们教学的影响（第 843 页）。

本文收集的是我个人和专业的"记忆"，我想分享那些在我成为教师教育者道路上的关键事件。Kosnik（2001）把关键事件描述为"那些提出的、广泛的、持续的问题考虑"（第 69 页）。本文选择的关键事件对记录我担任教师教育者的十年的学习轨迹是非常有影响力的。所有的研究都必然受到限制并受到调查员的主观性影响，并且我承认研究者自身的偏见和局限性观点（LaBoskey，2004）。

实践社区和合理的外部参与

实践社区

实践社区提供了一条途径来重新思考我们在教师教育中的场合，承认对于教师教育者而言学习就意味着参与实践社区并对其做出贡献（Cochran － Smith 和 Lytle，1999；Lave 和 Wenger 1991；Wenger 1998）。实践社区是一群对自己所做的事有共同关注或激情的人，他们定期接触交流，学习如何做得更好。实践社区提供了一个支持变化的基础设施，这是教师教育者聚在一起互相学习，找出专业发展的需要和机会的场合，他们认识到共同的工作形成的学习社区可以促进专业知识的共享。

> *加入PETE*
> 　体育教师教育者对知识探究的差异水平和做法比鼓励一些从业者分享 PETE 的共同利益，努力实现共同目标更突出。这使我的 LPP 的经验很有限，因为没有刻意开展实践社区活动使我得以借鉴学习。远离同事们是我学习中的局限性特征，导致我过度依赖教师教育方面的学习，而没有充分考虑在教师教育中的学习，如何通过相关出版物例如同行评议的文章和（体育教师）教师教育的课本，最有效地成为教师教育者。这种孤立不是特殊案例，许多进入教师教育的人都经历了不同程度和类型的孤立（Borko，2007；Dinkelman 等，2006a，b）。
> 　　*成为一名体育教师教育者*
> 　个人和专业的孤立不再是一个问题，体育教育社区提供了分享、探索、学习和融入的机会，使自身的教学实践以及

其他成员的教学实践的社区产生变化。这进一步说明了我们的实践方式和实施教师教育是一个值得讨论和探讨的话题。也激励我后来与同事一起进行了关于参考实践研究与知情研究实践的共生观念的研究议程。

合理的外部参与因素 (LPP)

LPP 是一种致力于理解学习以及在实践社区中转换学习的特征的方法，它是关于新人和老年之间关系，以及活动、身份、制造以及社区知识和实践的讨论方式。它关注的是新人成为实践社区一部分的过程。一个人的学习意图是通过充分参与社会文化的实践过程来确定其学习意义的。这个过程包括，也确实包含知识技能的学习（Lave 和 Wenger，1991，第 29 页）。

认识到不能孤立地思考 LPP 的每个方面，而且"学习者必须是正在进行的实践中的外部的合理参与因素，为了得到学习身份并发展为完全参与"（Lave 和 Wenger，1991，第 64 页），那么，对体育教师教育者职位的每个方面给予定义都是有必要的。

如果学习对体育教师教育者的工作有所支持，那么学习就是"合理的"（真实和有意义的）。为了学习的合理化，体育教师教育者必须了解他们担当的角色和责任。

进入 PETE

我进入大学在 PETE 项目中只做纯粹的教学，还被授予了某种形式的教师教育者职责，尽管当时我还不是教师教育者（在面试时我没有正规的教师教育经验）。我们认为这种合理性在完成体育教育本科学位课程时就存在，博士学位体育教育课程发展和最近三年参与的体育教育实践研究导致后来开始了体育教育学领域的研究。尽管过去在另一个职业生涯有所成就，但不得不承认，成为一名专业的教师教育者的确需要几年的时间（Murray 和 Male，2005）。

要体验这种合法性，体育教师教育者首先需要被支持和重视。从那一刻起，我的职业生涯就不能像学徒那样正式地去学习"如何做 PETE"或讨论我的角色以及责任。之后，合理性不会被特意加强。相反，学习教导教师往往是作为个人奋斗的经历，加之普遍的孤立文化也强调对教学的关注和分享不是教师教育者该做的事（Berry 和 Loughran，2005）。

合理的参与可能受到等级制度的阻碍。在我担任 PETE 课程项目主任的第二年，虽然人们可能期望某些特殊的权力为我所用，但构建知识程度的力量表现得相对更明显。当时，人们坚信，只有进行实践与社会参与，才是有效学习的条件，而不是把知识作为商品（Wilson 和 Berne，1999）。等级关系培养了知识的获取，这对关系的潜在发展以及随后任何潜在社区的演变都是有害的。

成为一名体育教师教育者

体育教师教育者额外的经验，使我经历了当学徒的角色，包括公开的讨论以及探索，"做 PETE"，如何打破实践阴影地带的黑暗。我曾坚信"做 PETE"很重要的是有一套原则，这套原则不仅提供 PETE 的指导还提供预备教师的学习。这些原则能够支持我的教师教育者的工作。我还学习了一些教学结构来定位我的教学，例如"参照指导"和"后续设计"。本着共同的愿景，去培养关爱的反思以及有效的体育教育者，努力培养出具有激情的年轻人，这个目标鼓励我们每个人围绕教学、研究和项目去发挥作用和责任，为 PETE 社区做出贡献。当我知道一个共同的愿景，通过不同的角色和相关责任可以共同实现时，这种感觉让我舒心。这贯穿于我们的研究兴趣和写作中，显然，每个人都有特殊的优势（例如理论框架、方法论、把理论用于实践），这样的协作促进了同行评议的文章撰写。

有人支持这样的信念，认为成员首先应在社区外部有所作为，才能有效地学习社区内的实践（Lave 和 Wenger，1991）。学习是体育教师教育者社区外部（发展中的）的早期学习过程，有了体育教师教育者的支持，他们可以提供预备教师的支持。学习记录加强了更多的信赖活动，期待体育教师教育者最终完全参与到体育教师教育者社区。

> ### 进入PETE
>
> 虽然期望着学习记录从社区外开始，但最初我发现自己经常要去观察同事的一些随机实践（我不想效仿）。小组每个人都对PETE负责，但也似乎有人没有为共同的目标、合作或专业知识的分享而努力。后来，我发现这样的活动没有用。然而，开始我都被迫参与，甚至是领导PETE，因为要负责本科生PETE的工作一年，我的责任大量增加。由于缺乏渐进的去体验从外部到核心实践的机会，我的学习受到了负面影响（Warhurst，2006）。因此，我回到最初面对PETE时的胆量，而不是变成接受体育教师教育者正规培育和挑战的一部分。
>
> ### 成为一名体育教师教育者
>
> 我作为新任体育教师教育者带来了一套自己认可的和希望大家效仿的教师教育哲理和实践，这可能有点偶然。我发现我很高兴从外部开始接触这样的理念和实践，被赋予权力去干，也很高兴有可能领先于其他人。通过我们的讨论、报告、反思、写作并公布我们的做法，我相信从外部到核心实践的学习记录有效地增强了我的（也许是和其他人的）学习。这包括体育教育预备教师准备等主题，通过建构主义教学实践设计结构课程，关于预备教师发展的教学信念和学习检查教学所暗示我们的内容，并帮助职前和初期的教师观察和重塑作为教师和变革者的那些假设。

学习包括在社区内"参与"的实践体验。参与程度由CoP的三个维度的类型和强度决定，即相互参与、联合企业的谈判和天赋才能的共享（Wenger，1998）。"相互参与"的演变形式包括一组体育教师教育者参与社区实践的可能性，但不同个体成员之间的相互参与程度不同。"联合企业"是集体的谈判合作过程，发生在体育教师教育者不同的认同和理念引发了对企业的不同解释时。"天赋共享"是社区实践的一部分，包括做事的常规、方式、行为或理念。

进入 PETE

我对体育教师教育者这一角色的痴迷让我对教师教育风格产生了并不积极的好感。相互的参与是有局限的。我利用任何机会观察有经验的同事（虽然我对理念和表达风格仍有异议），但并没有得到作为体育教师教育者表现方面的建设性的反馈。相反，与同事的互动是围绕着教师教育的理念和理论偏好，将在一个会议上进行有关 PETE 计划的修改讨论。似乎没有哪一方赞赏对方，也不考虑小组成员间有不同的理念，虽然在某种程度上限制了相互参与，但仍然可以为 PETE 社区的实践做出贡献。对 PETE 社区实践的构成没有共识。对企业形象应如何解释（根据个人的身份和理念应如何"做好" PETE，每个人的看法不同）的分歧太大，以至于成员都不同意协同为企业工作。随后，我自己开发了一种在没有社区的情况下"成为"教师教育者的有效方式。了解学习不应该独立进行，学习是一个社会过程、动态过程，这点很重要，是该小组成员间沟通失败以及缺乏互动导致了教师教育功能失调，虽然当时我不知道这在多大程度上影响了我的学习质量。后来，有一个在小范围内分享的关于参与课程期望的学院和预备教师之间的关系，以及评估实践的课题。

成为一名体育教师教育者

对 PETE 社区实践活动需要有真正的兴趣和愿望。它没有显示出个体成员之间的相互参与的不同水平的意义，但所有参与者的相互参与水平是强烈的。当其他教职员在项目中进行实际教学后，不同层次的相互参与是很明显的。是实践者们本着共同的目标、关注、承诺、创新精神建立了 PETE CoP。并不是说这些个人支持不同的体育教师教育者的认同和理念，而是把任何差异都看作对共同目标的补充，之后能加强预备教师的学习经验。PETE CoP 促进了惯例和做法的共享，包括重点讨论实践活动（评估、教学、学习课程等），把相互之间的专业发展、协作研究和写作当作一个共同的目标。

新成员和老成员

在一个不断变化的实践分享中，强调新成员和老成员之间的关系变化（Lave 和 Wenger，1991）：

> 就要分析人们持续参与实践的形式和身份：从新成员入行开始，到新成员变成老成员的这一刻，而不是一个老师或学习者的双重身份，这是丰富多样的基本行动者范畴，以及其他形式的参与关系（第 56 页）。

根据教师教育者通过 LPP 培养新人成为体育教育社区的资深成员的期望，体育教师教育者的最初参与任务必须直接、明确而富有成效，才能对社区的目标有所贡献。外围任务（如观察、讨论、澄清、提问、探索如何理论联系实践）允许体育教师教育者（作为新人）熟悉 PETE 的相关任务、价值观和社区实践。观察并接触到专家的实践，能使体育教师教育者更好地理解作为 PETE 社区的资深成员应担负的使命和责任。

在 Lave 和 Wenger（1991）的学习背景下，学习内容转移的问题减少了，而学习内容更多是强调在学习中的应用（CoP）。这并非否认能成为合理的外围参与者是一种经验赋予，这也可能是无用的，因为老人做了相当长时间的"守门员"可能对新人构成一种威胁。而愿意挑战"守门员"的新手，可能就会与老人产生紧张的关系。

> *进入 PETE*
>
> 我为新手和小组的合法成员建立了体现不同身份和个性的折中意图，可能促使部门的所有教育工作者努力检视自身作为体育教师教育者的职责。后来我被迫从事 PETE 的自主工作，体会了 PETE 的主要环节，这可能已经影响到了我全面参与的学习记录。LPP 是由新人成为完全参与者的愿望带动的，但在这个时候还没有社区让我去全身心参与。我发现已经退出实践身份，但还是在不断"做"实践，Hodges（1998）描述这种情况为"不被识别的参与"。
>
> Nias（1989）描述一个人过去的工作角色的职业转型，

与他们最初在该职位上的训练有所不同，他们已经获得了专门知识，以此区分"情境中的自我"和"实质性的自我"。"情境中的自我"是在与他人的相互作用中发展的，而"实质性的自我"是自我定义的核心信念不可能改变。从事教师教育工作很显然会使我的实质自我和情境自我不一致，引起专业不安和不适的感觉。情境中的自我因缺乏互动对自身实践没有任何帮助作用，而在自身核心信念方面，如果自我的两个方面不密切配合，那么如何最有效地成为教师教育者也没什么挑战，即使这需要对实质的自我做很大的改变（Murray 和 Male，2005）。那么不同职业的职业转型被认为是不完全的，所以我"成为"教师所感受到的自身能力和自信并不是因为新教师的到来。

成为一名体育教师教育者

新学员确实是新人所在的部门，但是"老人"指的是他们作为体育教师教育者所拥有的专业知识水平。他们的到来让我回到了"新人"/初学者的位置上，初学者要抓住成为合理成员的机会，成为不断发展的 PETE CoP 的一分子。作为新的教师我可能一直对社区的发展发挥着作用，但由于他们以前在 PETE 社区的经验使我回到了"新人"的位置。因为我之前没有机会为 PETE CoP 有所贡献，他们的到来给了我在 PETE CoP 的学习机会，并为他人的学习做出贡献。

合理的外围性和外围参与

当体育教师教育者有更多的参与机会，使外围性处于合理的位置，"合法外围性"的概念才会明确。在体育教师教育者（合理地）保持更充分参与的情况下，外围性是无用的。Lave 和 Wenger（1991）强调，合法外围性是参与、学习"实践文化"，了解合理外围性的延长为学习者提供了把实践文化转变为自己文化的机会（第 95 页）。教师教育者作为"外围参与者"是让体育教师教育者处在社会领域中，表明在社区定义的参与领域中有"多个、多样、或多或少的参与的和包容性的方式"。（Lave 和 Wenger，1991，第 36 页）。

> *进入 PETE*
>
> 合法的外围性是限制更多的自己做决定的机会，而不是被 PETE 教员告知或鼓励的东西。外围性产生了失去力量的感觉，就好像没有 PETE 社区的指导，我可以更全面地做出自己的贡献。
>
> *成为一名体育教师教育者*
>
> 我得到了一个体验长期合理外围性的机会，在那儿我学到了大量关于 PETE CoP 的文化含义。这激励了我之后的实践，一直坚持到如今成为 PETE 社区拥有高层所有权和身份的成员。很显然，合理的外围性是每个 PETE CoP 人或多或少体会过的经历。因为在某段时间，一些成员被定位为受尊重的某方面的学习者，但在其他方面，却是专家。PETE CoP 跨越研究、教学和服务，我们每个人都有不同领域的优势，所以学会了互相做学生和导师。
>
> 通过实践 PETE CoP 还为我提供了建立和重建确立身份的机会。也就是说，我强烈的态度和我所相信的 PETE 应该看起来就像我所参与的 PETE CoP 那样。

对情景安排的反思

在写这篇文章的时候，我考虑过是否在新的 PETE 学员到来时，在建立 PETE CoP 之际把我的反思作为合理的外围参与，标题就是"成为体育教师教育者"。我相信 LPP 扩展了反馈（对我认为发生的事物、别人如何看待我并用实际行动去仔细观察），通过鼓励自己寻找策略来质疑自己的态度、思考过程、价值观和假设，以便了解我所扮演的角色与他人的关系（Bolton，2005）。我决定不把我的反思缩小到"成为体育教师教育者"如上文所述的职业孤立状态下，放在"进入 PETE"的标题下也有助于我目前的情况以及自己对未来、教学信念、方法和实践的理解。我所经历的孤立感并不是唯一的，还有无数的自学研究显示那些从各个起点进入教师教育工作的人，无论他是否成为学校的老师或博士生（Kosnik 等，2011），都经历了不同程度和类型的孤立（Borko，2007；丁克曼等，2006a，b；Murray 和 Male，2005；Nicol，1997）。成为教师教育者的本质是学习教师教育者的教学观念。我为自己的实践和学习留有空间，并且通过这种探究所产生的知识鼓励我去理解并在PETE 学习环境中改善自我、改善实践。

初涉 PETE 时，我的角色在初学者和专家之间游移。没有 PETE 社区与我的做法相一致，所以很少有人询问我的技能和处置方式怎样能对预备教师的有效学习有帮助。他们的任何新获得的技能都是来自阅读有关（体育）教师教育的文献以及在专业会议上的互动。缺乏（感知）的社区迫使我依靠自己对新获得的技能价值进行解读。最初，并不鼓励社会互动和通过会议与其他教师教育者的讨论的学习。虽然课程主任这一角色提供了一些专家身份的体验机会，我相信没有一个社区能允许我承担起这样的角色及其责任，即在一个领域是专家，而在另一个领域却是新手。

进入 PETE 这一行，我经历了个人和专业的孤立，但这种孤立被一群 PETE 的新任教师所消灭，他们主张创造一个我也能在其中做出贡献的安全环境。有机会谈论关于预备教师的学习，如何提高自己的教学能力，以及我所需要的提高自身作为体育教师教育者的作用的专业学习和发展机会。活力和自信是 PETE 社区的特点，这使本科生通过相互参与的概念、做法、实践来参加合作项目使 PETE 产生了一系列变化。我直到成为 PETE 成员之后，了解了在专业发展方面社区所有成员的贡献和团队合作过程。然而社区同时容纳"新人"和"老人"，所有成员都为"学习者社区"做出了贡献（Rogoff 等，1998），通过合作学习，每个人都通过参与扩大了他们的教学知识。这样的社交互动，在我进入PETE 初期是欠缺的，通过共同展现 PETE 项目，促进了教学实践的创新和改进，通过协会激励并支持成员之间的专业发展。我的确赞同Hadar 和 Bullough（2010）的观点，"个人专长的发展来自互动中的深度学习"（第 1642 页）。不可否认的是，社区参与意识明显地影响了我作为体育教师教育者的身份，激励了我的学习兴趣，加强了我在大学充分参与 PETE CoP 的行动。

意义

CoP 的一个关键概念是"个人的身份与社区里其他成员的关系，以及个人付出的与他们的身份和职位有关的情感投资"（Lave 和 Wenger，1991，第 98 页）。重要的是，体育教师教育者要观察他们如何可以加强自己在 CoP 中的角色，从而提高所有成员的学习体验。就是说，通过自学，进一步研究承认教师教育者个人的专业成长和发展道路的重要性（Ham 和 Kane，2004）。

PETE 社区的每个成员进行的一系列的教师教育实践自学研究，允许所有社区成员把 PETE 社区中会出现的冲突、困境和不协调加以强调。这样的一系列的自学研究将鼓励体育教师教育者去探索和欣赏群体与个人之间的互动，把这群人和他们的专业成长及发展的需要表现出来（Hadar 和 Bullough，2010）。Lave 和 Wenger（1991）所期望的是，LPP 能体现出真正的参与并提供 CoP 学习的框架。学习是合理的，因为它不仅对体育教师教育者个人来说很重要，对体育教育社区的教师教育者的发展来说也非常重要。自学使我能自信地工作并获得我在学术界的权威，让我能够探索在 PETE 社区内实践与学术的相互作用。在我目前担任的部门主管角色中，我的目标是提供指导和专业发展支持，让教师教育者通过小组自学探究学习轨迹，使他们能致力于实践和学术工作。

进入 PETE

虽然在大学有指导的机会，但与自学社区的指导机会相比就太少了。作为部门主管（并作为教师教育自学研究小组的成员），了解每位教师教育者如何面对进入 PETE 的挑战，为预备教师做好准备工作，同时为教师教育的学业成绩有所帮助，这是很重要的。一些教师教育者会依靠社区中其他人的支持顺利通过教师教育，我需要认识到个别教师教育者，进入 PETE 可能不会为教师教育者自学研究实践社区做贡献，共同学习他们的教育实践和教育背景。

成为一名体育教师教育者

维持自学研究 CoP 是教师教育者改善实践和进行探究

的途径之一，允许教师教育者独立、协作和集体参与专业发展（Gallagher 等，2011）。在不可行的情况下，那么，进一步的专业发展就会需要我的协助。我非常希望把现有大学（主要是教师教育）的讨论小组发展成教师教育自学小组，使之成为教师发展的一种形式，以增加各系、项目和大学的教师教育。

参考文献

Bates，T.，Swennen，A.，& Jones，K.（Eds.）.（2010）. *The professional development of teacher educators*. London：Routledge.

Berry，A. K.，& Loughran，J. J.（2005）. Teaching about teaching：The role of self－study. In C. Mitchell, S. Weber, & K. O'Reilly－Scanlon（Eds.），*Just who do we think we are? Methodologies for autobiography and self－study in teaching*（pp. 168－180）. London：Routledge Falmer.

Biggs，J.（1996）. Enhancing teaching through constructive alignment. *Higher Education*,32(3),347－364.

Bolton，G.（2005）. *Reflective practice：Writing and professional development*（2nd ed.）. London：Sage. Brody，D.，& Hadar，L.（2011）. "I speak prose and I now know it". Personal development trajectories among teacher educators in a professional development community. *Teaching and Teacher Education*,27,1223－1234.

Bullock，S. M.（2007）. Finding my way from teacher to teacher educator：Valuing innovative pedagogy and inquiry into practice. In T. Russell & J. Loughran（Eds.），*Enacting a pedagogy of teacher education：Values，relationships and practice*（pp. 77－94）. Oxon：Routledge.

Casey，A.，& Fletcher，T.（2012）. Trading places：From physical education teachers to teacher education. *Journal of Teaching in Physical Education*,31,362－380.

Cochran — Smith, M. , & Lytle, S. L. (1999). Relationships of knowledge and practice: Teacher learning in communities. *Review of Research in Education*, 24, 249—306.

Dinkelman, T. , Margolis, J. , & Sikkenga, K. (2006a). From teacher to teacher educator: Reframing knowledge in practice. *Studying Teacher Education*, 2(2), 119—136.

Dinkelman, T. , Margolis, J. , & Sikkenga, K. (2006b). From teacher to teacher educator: Experiences, expectations, and expatriation. *Studying Teacher Education*, 2(1), 5—23.

Gallagher, T. , Griffi n, S. , Ciuffetelli Parker, D. , Kitchen, J. , & Figg, C. (2011). Establishing and sustaining teacher educator professional development in a self—study community of practice: Pre—tenure teacher educators developing professionally. *Teaching and Teacher Education*, 27, 880—890.

Gurvitch, R. , & Metzler, M. W. (Eds.). (2008). Model based Instruction in physical education: The adoption of an innovation. *Journal of Teaching in Physical Education*, 27(4), 449—589.

Hadar, L, , & Brody, D. (2010). From isolation to symphonic harmony: Building a professional development community among teacher educators. *Teaching and Teacher Education*, 26, 1641—1651.

Ham, V, & Kane, R. (2004). Finding a way through the swamp: A case for self—study as research. In J. J. Loughran, M. L. Hamilton, V. K. LaBroskey, & T. Rusell (Eds.), *International handbook of self — study of teaching and teacher education practices* (pp. 103 — 149). Dordrecht: Springer.

Hamilton, M. L. , & Pinnegar, S. (1998). Conclusion: The value and the promise of self—study. In M. L. Hamilton (Ed.), *Reconceptualizing teaching practice: Self — study in teacher education* (pp. 235 — 246). London: Falmer Press.

Handley, K. , Sturdy, A. , Fincham, R. , & Clark, T. (2006). Within and beyond communities of practice: Making sense of learning through

体育教师教育的自学研究　探索实践与理论之间的相互作用

participation,identity and practice. *Journal of Management Studies*,43 (3),641—653.

Hodges,D. C. (1998). Participation as dis—identifi cation with/in a community of practice. *Mind,Culture,and Activity*,5(4),272—290.

Hodkinson,P. , & Hodkinson, H. (2004). Rethinking communities of practice: A case study of schoolteachers' workplace learning. *International Journal of Training and Development*,8,21—31.

Kirk,D. , & Macdonald, D. (1998). Situated learning in physical education. *Journal of Teaching in Physical Education*, 17(3),376—387.

Kitchen,J. ,D,C. P. ,Parker,D. , & Gallagher,T. (2008). Authentic conversation as faculty development:Establishing a self—study group in a faculty of education. *Studying Teacher Education*,4(2),157—171.

Kosnik,C. (2001). The effects of an inquiry — oriented teacher education program on a faculty member:Some critical incidents and my journey. *Reflective Practice*,2(1),65—80.

Kosnik,C. ,Cleovoulou, Y. ,Fletcher, T. ,Harris, T. ,McGlynn — Stewart, M. , & Beck, C. (2011). Becoming teacher educators: An innovative approach to teacher educator preparation. *Journal of Education for Teaching*,37(3),351—363.

LaBoskey,V. K. (2004). The methodology of self — study and its theoretical underpinnings. In J. Loughran, M. L. Hamilton, V. K. LaBoskey, & T. Russell(Eds.), *International handbook of self—study of teaching and teacher education practices* (pp. 817—869). Dordrecht: Springer.

Lave,J. , & Wenger, E. (1991). *Situated learning : Legitimate peripheral participation* . Cambridge:Cambridge University Press.

Light,R. (2008). Complex learning theory — its epistemology and its assumptions about learning: Implications for physical education. *Journal of Teaching in Physical Education*,27(1),21—37.

Loughran,J. (2006). *Developing a pedagogy of teacher education.*

Understanding teaching and learning about teaching . London: Routledge.

MacPhail, A. , Patton, K. , Parker, M. , & Tannehill, D. (2014). Leading by example: Teacher educators' professional learning through communities of practice. *Quest*, 66(1), 39—56.

Murray, J. , & Male, T. (2005). Becoming a teacher educator: Evidence from the field. *Teaching and Teacher Education*, 21, 125—142.

Nias, J. (1989). Teaching and self. In M. Holly & C. McLoughlin (Eds.), *Perspectives on teacher professional development* (pp. 155—172). London: Falmer Press.

Nicol, C. (1997). Learning to teach prospective teachers to teach mathematics: The struggles of a beginning teacher educator. In J. Loughran & T. Russell (Eds.), *Teaching about teaching: Purpose, passion and pedagogy in teacher education* (pp. 95—116). London: Falmer Press.

Parker, M. , Patton, K. , Madden, M. , & Sinclair, C. (2010). From committee to community: The development and maintenance of a community of practice. *Journal of Teaching in Physical Education*, 29 (4), 337—357.

Parker, M. , Patton, K. , & Tannehill, D. (2012). Mapping the landscape of communities of practice as professional development in Irish physical education. *Irish Educational Studies*, 31(3), 311—327.

Pinnegar, S. (1998). Introduction to part II: Methodological perspectives. In M. L. Hamilton (Ed.), *Reconceptualizing teaching practice: Self*—study in teacher education (pp. 31—33). London: Falmer Press.

Rogoff, B. , Matusov, E. , & White, C. (1998). Models of teaching and learning: Participation in a community of learners. In D. R. Olson & N. Torrance (Eds.), *Handbook of education and human development* (pp. 388—414). Oxford: Blackwell.

Rovegno, I. , & Dolly, P. (2006). Constructivist perspectives on learning. In D. Kirk, D. Macdonald, & M. O'Sullivan (Eds.), *The handbook of physical education*(pp. 226-241). London:Sage.

Silova, I. ,Moyer, A. , Webster, C. , & McAllister, S. (2010). Re-conceptualizing professional development of teacher educators in post-Soviet Latvia. *Professional Development in Education*, 36,357-371.

Stroot, S. ,O'Sullivan, M. , & Tannehill, D. (2000). Weaving a web of relationships. In M. Johnston, P. Brosnan, D. Cramer, & T. Dove (Eds.), *The challenges of professional development schools* (pp. 233-246). New York:SUNY Press.

Ward, P. , & O'Sullivan, M. (Eds.) (2006). Professional development in urban schools. *Journal of Teaching Physical Education*,25(4),348-466.

Warhurst, R. P. (2006). "We really felt part of something":Participatory learning among peers within a university-development community of practice. *International Journal for Academic Development*,11,111-122.

Weber, S. , & Mitchell, C. (2002). Academic literary performance, embodiment,and self-study:When the shoe doesn't fi t:Death of a salesman. In C. Kosnik, A. Freese, & A. P. Samaras(Eds.), *Making a difference in teacher education through self-study* . Proceedings of the fourth international conference on self-study of teacher education practices, Herstmonceux, East Sussex(Vol. 2, pp. 121-124). Toronto:OISE,University of Toronto.

Wenger, E. (1998). *Communities of practice:Learning, meaning and identity* . New York:Cambridge University Press.

Wilson, S. M. , & Berne, J. (1999). Teacher learning and the acquisition of professional knowledge:An examination of research on contemporary professional development. *Review of Research in Education*,24,173-209.

跌倒的教训：通过骑马反思教师教育

多恩·加伯特（Dawn Garbett）

介绍

作为资深教师教育者的风险在于你的实践已经根深蒂固，如果没有一些重大的和有意义的经验给你一个新的视角就很难做出改变。在接受的做事方式之外，这在很大程度上是由于不用可接受的方法去看待自身做法和信仰是有难度的。霸权实践的思想——传统的智慧、务实和惯常的行为以及没有被质疑的假设——这些是很难被超越的（Brookfield，2005）。

在本文中，我反思了一个新的视角，就是学习骑马对我来说就好比是个教师教育者。选择走出自身的舒适区这个过程，正如 Brookfield（1995）所提出的那样，是一个出自内心而不是一个依靠智力的重要反思（第50页）。这是我通过感知自身身体的感觉、反应和经验回应建立起的一种理解的方式。学习骑马让我体会了一种担当学习者和老师角色的感觉。

这项研究的开展是偶然的，因为它经常在自学研究中进行，一次与学生的特殊交流引发了我的兴趣。我是一名科学教师教育者，在一个研究生教师教育的项目中与其他老师一起工作。这个课程的一部分内容是让学生在入读大学一年中参加几个实习体验。这种穿插于学校的体验和以校园为基础的研究经验旨在提供一种语境化的手段，以便发展学生的专业知识和技能。作为一个经验丰富的教师教育者，我知道学生重视在课堂上获得的第一手经验，但我也认识到，通过反思体验能够强化学习（Korthagen 等，2006）。我也知道许多教师助理认为，我们的学生在教室里学到的教学知识最多（Kane，2007）。

多恩·加伯特(Dawn Garbett)

奥克兰大学，新西兰

邮箱：d. garbett@auckland. ac. nz

　　这个研究的触发因素发生在我的学生短期实习一个月回来之后。在第一次的研讨会上，他们讨论了实习经验，热闹极了。几个人声称他们"讲课"了。事实上，他们说他们发现教学会比过去他们的讲师（包括我自己）所说的还要容易。我高度怀疑他们的天真，但与此同时，我也被难住了。他们对教学这种本质上是复杂技能的看法为何与我如此不同？为什么他们看不到他们还有许多需要学习的东西？我轻率地说，如果教学那么容易，那么也许我可以学习如何骑马。碰巧了（好或坏）大部分的学生都觉得我的建议是个好主意，所以我要遵守诺言。当时我知道的很少，但这使我彻底改变了我的教学探究并且显著地改变了我对于教师教育者的理解。

　　在本文中，我选择了四个骑马的片段，它们在我的学生和同行中产生非常强烈的共鸣。我已经扩展了我第一次在 Garbett（2011a）中进行讨论的几个主题，其中包括被证明对后人有益的其他东西，它们出现在我的初步统计中。运用这些片段去更好地了解自身的专业学习，继续以新的方式促使我在我的结论中更全面地去讨论。

专业学习

　　从我的角度来看，教师教育者的一个关键问题是关注自己专业的学习。我们扮演角色的时间越长，这个问题越明显。在大学从事教师教育工作之前，我是一名成功的中学科学老师。最初，我分析了自己在课堂上的经验以及对教学的热爱，回想我是如何以一个教师教育者的身份工作的。我在课堂上的专业知识让我很容易变得自信，从科学教学转向教师教学。但是，我的做法是基于教学如何继续成为实践典范的假设。我的学生和我很喜欢聚在一起塑造创新的方法或参与活动。他们积极参与，热衷于学习"如何……"或"关于 XY 和 Z"。我的博士研究（Garbett，2007）首先打开了我探究自身实践的视野，使之成为探究实践和发展自身专业知识的自学方式。

　　我并没有认为学习骑马是一种可以立即帮助我进行专业学习的方法。对初学者来说，它违反了在学习环境中所获得的知识应该适用于实践环境的原则。学习骑马的技巧似乎与教师教学不相干，这也违反了进行新的学习应该以先前的知识和经验作为基础的原则。而且学习骑马并非取决于以前的任何知识、经验或教学能力。事实上，这让我远离了我的舒适区，坦白地讲吧，它让我有了忧患意识。那么它如何能提供专业的学习价值呢？

这里有两个答案。首先，我避开了一个合乎逻辑的、以认知为导向的方法去提取知识以应用于实践中，而是选择了有利于实践的高度反思，是主观翔实的知情方式。换句话说，我已经忘记了当一名学习者是什么感觉，骑马使我想起了我的焦虑、自我怀疑、勇敢、满足感、激动和绝望，这些可以贯穿于学习的始终。其次，Brookfield（1995）提出了一种由制度文化的日常习惯破解孤立的方法，要让学习者参加全新的挑战性活动。学习骑马，让我可以探索每个情境下动态的、关联的和时间的相互作用。另外，作为初学者我很赞赏指导者在骑马课上表现出的教学能力，同时作为教导学生的资深教师教育者我也认识到存在的恐惧和沮丧。自学提供了去关注错综复杂的关系以及各层面的经历、事件、目的以及描述，它们在相互复杂的系统中共同产生了效果。

建立研究框架

学习骑马是动摇我对教学以及学习理所当然的观念的完美手段。我经历了Loughran（2006）指出的关于教学学习和教学经验的所有感受，但这些是经常被认知领域所主导的。"相信身体在教学和学习中的角色"（Macintyre Latta 和 Buck 2008，324页）使我成了一名更好的教师教育者。

我最初在一个骑术学院学习了一个学期，然后与资深导师和其他同窗共同研习，课程总共是三年，每周骑一次。第一年里，每周上完骑马课之后，我记录了一些关键方面的经验，包括我对自身效率、情绪和感觉的看法，以及我与骑马教练和同伴进行的口头交流。记录的过程使我能重现每节课上发生的事情，并探索我的经验与教学的联系。我也存储了课堂上摄录的照片和视频。我的日记成为反映我学习情况和情境的地方。

作为新骑手的我分享了我的历程，将关键的想法、观察和经验与他们讨论交流是我初步分析的核心。学生们对我 PPT 演示文稿上图像和每周骑术课故事的反馈，提供了一个看待这些经验的另一角度。这些反馈以重要事件的调查问卷形式、课后评估，以及通过非正式的对话和电子邮件的方式收集起来。我好朋友的评论、见解和回复丰富了我对教师教育实践的考察，并且在我还在自己日志中反思他们的评论和评估。

所有书面数据和图像均以电子方式存储，并按它们的创造日期排列。通过模式分析法辨别大量未被分化的主题。多次重读、比较、对照和排列数据意味着那些最重要和有意义的主题能够被识别并传达给我的学生。

重读我的日记条目使我可以利用主题作为档案参考并进一步重新审视重要主题。正如 Ham 和 Kane（2004）所言：是研究者，即我本人正研究这些档案和报告者的文件，然后，随着额外的经历增加，档案仍然可以刺激起更多关于我最初经历情况的记忆，而不是阅读档案本身。当它自己开始创造时，档案就是对更多数据的持续刺激。

现在，我可以进入这个档案的源头随意重审那些片段。特别是能够引起强烈回忆的照片和视频，让我回想起我作为一个学习者时所描述的教学理解，以下片段是体现我的学习的有力例证。

发现

片段1　　　　　　　**释放激情**

Korthagen（2011a）中探讨的一个主题是新手如何对专家的技能视而不见。当专家似乎毫不费力地完成一项任务时，对初学者来说去效仿他们是非常困难的。Russell（2007）曾写道："教学看起来容易，好的教学看起来更容易。"我意识到在我的课上，让我的学生看到我的愚蠢，非常让人不舒服，我是一个没有用安抚和技巧处理每一种情况的老师，是犯错误并且因为失去机会而后悔的人。总之，我不希望他们看到幕后的我是一个专家，使教学看起来很容易的假象。但是，我更爱拿我在马背上的笨拙努力去与世界一流的驯马骑士的优雅技术进行比较。对我来说，这是一种不太有威胁性的方式，以激起他们对教学技巧和复杂性质的真实讨论。这是我打开学生视觉的一种方式，使他们能够看到专业人员更清晰的微妙表现。一名学生评论说："有经验的人可以使它看起来容易，其实并不总是那么容易。"

通过骑马我暴露了自身的弱点，因为在马场里，我不需要是个镇定、自信的专家。直到后来我对我的学生感到更有信心了才开始对比自己的教学。相比于保持专家教师的姿态，当问题转向我时或者当我感到一个策略失败时，我在学生面前承认了我的弱点。这是不被人看好的。教师实习了13 000小时，教师们都很清楚课堂上会发生什么、应如何学习以及掌握学习依据、教师应该做什么，等等（Trumbull，2004，第1216页）。总有一些学生有我无法满足的要求：他们想要明确的答案；期望我准确模拟他们要在班上做的事情；要我为他们提供明确的学习成果，并为每个会议提供详细的资源；坚持预备课程计划。我让他们知道我不打算满足他们的期望，我的感觉是怎样的，当我觉得事实不符合自己的预想时我很伤心。为了让他们感受到想要成为一名老师并不容易，我抑制住了满足他们愿望的冲动。即使我们经验丰富，这种感觉也是复杂而苛刻的。如假装能满足他们的期望，那是对他们的误导，会令教学适得其反。

片段2　推向极限

我最消极的一次骑马经历使我意识到，将学习者置于负荷过大的情况下对自我效能所会产生的严重后果。我试图让马从小跑转为慢跑，但随着课程的流逝，我却变得越来越苦恼。正如我在我的日记中这样写道：

我心里感到疲惫，身体也不适，受了瘀伤和擦伤。教练不断重复说明，但马一直在小跑我却不能协调，"慢慢坐下来，用小腿轻轻拍打马腹，轻轻拉拉缰绳……再试一次……"后来我设法在马场的一边慢跑下来，但后来还要换缰绳在另一边慢跑。我很害怕，接近崩溃了，有一种完全无助的感觉。我的身体再也不能做这些要求我做的事情了。（日记，6月16日）

这次特殊的骑马课程在我心中留下了不可磨灭的印象。我曾想放弃，永远也不再去骑马了。几个星期后，一位骑马的同伴在这个被诅咒的马场上几乎从马背上摔下来。

他比我们其他人更早完成了他的课程。我觉得他已经受够了！要退出课程的机会并不多。（日记，8月4日）

我还记得当 Scherff（Scherff 和 Kaplan，2006）回到学校任全职教师后是如何的不知所措，尽管她是一位经验丰富的教师和教师教育者。持续了六个月学习后的 Scherff 没有得到学校文化，身边缺乏积极主动的学生，也没有任何支持。她甚至害怕去学校。Scherff 回到了她的教师教育者的职位上，"意识到了自己对预备教师工作所负有的责任"（第165页）。

同样绝望的感觉迫使我重新思考我的课程，这样，我学生的教师们能更好地应对教学的实际情况。在他们去实习之前，我让实习教师们去给同行实习教师教授技巧或想法。在他们与全班学生见面之前，我希望他们能在相对结构化、安全的教学环境中至少要找到教师角色的感觉。

此外，当我在他们的岗位上采访、询问他们的教学时，我表现得要更温和、更关心。我保持了这种记忆被唤醒的感觉。如果我坚持让他们完全控制课上的学生，然后从错误中学习，这样会对学生的自我效能感会产生多少伤害？他们需要扩展而不是否定他们的观点！

片段3　　　　　　　　　**动点成线**

许多记录在案的瞬间都是围绕着不同情况下学习者的感受。在第二个片段中，我深深地沉浸其中。在以下快照中，我对大大小小目标的掌控能力激励着我坚持并促使我进步。教练所具备的有助于我学习的角色都呈现在这些快照中。

快照1：

Karren 似乎知道每个学生在什么时候能完成课堂的哪项内容。她的建议和指示始终是准确的，像是为个人定制的。"只是跑五步，做得很好……保持你的双腿、缰绳拉紧一点点、肩膀回来、双腿放松、保持双腿！……每次做得好一点就比在马场上没有控制地乱跑要好。乱跑是没有意义的，那不是骑马，那只是被马带着走。如果你想学习骑马，就要一点点进步。"（日记，5 月 10 日）

反思我从这张回收教学信息的快照中，我认识到把复杂任务分解为更易于管理的部分并有机会成功掌握它们有多重要。Bandura（1997）认为这是效率的最主要来源，而且其他教师教育者也都认同（Long 和 Stuart，2004）。作为一个学习者，我认为将大目标分解成小目标增强了我的满足感和成就感。

快照 2：

Karren 说，我们不得不用更短的马镫进入跳跃的位置。我们必须平衡向前，必须保持我们的背部挺直和平视前方。她告诉我们，应该向前倾斜，一只手放在膝盖上，手肘处于臀部和大腿的对折处。保持这个姿势，我们稍微放松一下马鞍在马场周围疾走，然后慢跑。听起来似乎不太可能，但事实上，一旦你的平衡掌握好了，将手臂固定好，这是非常容易的。她一边和我们说着话，一边准备跨越障碍。她对我说："别担心，只有这么高，保持住你的姿势，就搞定了。"然后她说："好吧，跳起来，保持双腿平衡，保持姿势，抬头，抬头！"结果，动作完成，我和 Brew 一块儿跳了起来。很整齐。我重复做了一次又一次。Brew 都惊呆了，我觉得自己完全放松了而且毫不费力。感觉自己就像站在了世界之巅。太兴奋了！（日记，8月 25 日）

关于这个快照，我想到了摆好"正确姿势"的重要性。我在我的日记中写道：

我再次思考我们应如何把学生放在正确的位置，以便他们能够相对轻松地跨越障碍，能够继续尝试新的挑战。我将把课程规划的人为状态放在无限制类别。我们要求他们这样做，他们不了解真正的原因，所以只会抱怨。但我们知道，这是一个小步骤，以确保他们的平衡是在正确的位置。他们应该能够在没有多余动作的情况下保持姿势，但是在开始的时候至关重要

的是他们至少要有一种安全感和对正确位置的感知能力（日记，8月25日）

快照3：

我们听从指示固定缰绳，准备跳跃，慢慢地闭上眼睛，把手臂放在两旁，就像张开翅膀的天使。我感到懊悔，认为这是荒谬的练习，因为我对教练说过我还是无法想象跨越障碍应该是怎样的感觉。当马开始踱步时总是让我感到惊讶。但就是这样，我们假装数着脚步，不用手，完全在黑暗中进行。（日记，5月29日）

最后的这张快照突出解释了一些我设计和坚持让学生完成的任务的重要性，这些只是中间步骤，有助于他们像老师一样去解析思考。同样，如果脱离了这个情景，我相信并不是我的所有任务对学生来说都是有道理的。

| 片段4 | 建构不同模型 |

建模示范实践的不足，以及说明教学比讲述、展示和指导实践更为丰富，这对我来说越来越清楚，因为自学研究增强了我的专业学习。对自学研究人员例如 Clare Kosnik 来说，如何成为教师一直是自学的重要线索的建模。她信奉学习是"终身的教学过程"（Kosnik，2003，第8页）。Berry 和 Loughran（2002）准备模拟"如实地、公开地对自己的教学进行批评"。Loughran（1997）曾解释说，在教师教育实践中的建模不是为实习教师提供如何教授的操作方法。他说这是把一个有经验教师的过程、想法和知识进行建模，表明"为什么"或教学的目的，它不是创造一个无休止的重复的教学模板。

这个特点让我想起了骑马时最有价值和有效的一次课。教练骑着马在我们身边做示范。

看着 Karren 模仿我们的动作，然后她纠正动作，调整到一个更加平衡的中心位置让我们每个人了解自己的错误在哪。从小跑变成踱步，要求我们必须使用我们的二头肌，调整好我们身体的核心部位稳坐在"马鞍"上。要收紧腹肌,就像有人要打你时要保持平衡那样。这个很难理解,只可意会。(日记,2月20日)

我记得这是我骑术练习中的一个案例,但没有得到马儿的任何相关信息的反馈。我试图复制 Karren 的做法以及她的夸张动作,但我不知道为什么做这个特别的动作。几分钟后我才发现。

我们课上的最后一个任务就是要做一个短距离的慢跑。我走到马场的最边上,走了几步,然后让 Fizz 慢跑起来。它在马场宽阔的一边大步飞驰了几步,然后从马场一边的小山坡上疾驰而下。我很惊讶它那惊人的加速。那匹马儿颠得我猛地向前倾了一下,但我非常平稳地坐在了它的背上,所以我继续向前走着,或许稍稍向右边偏了一点。当然如果它再颠一次,我觉得也要被甩出去了。但是,在猛地颠过后,我坐上马鞍,收紧小腹,握紧控制马儿头部的缰绳,我的双腿紧紧地贴着马腹。我大怒!让它停住了,Karren 催促我让 Fizz 回到同一个地方,看看它会不会这样再做一次。它那样做了,但我预料到了,所以控制住了。带着别人赞赏的目光我把它带回了同伴中间。(日记,2月20日)

这只是一个情节,我意识到开发专业知识需要有效的练习、巧妙的应用策略,同时形成自己的方式,并通过它进行准确的操作(Zimmerman,2006)。我在课程开始时所忽略的就是马的反馈,从反馈中才能得到有效的答案。我有一个无限制的反馈机制。但当我收到马的反馈时,我才发现我知道了自己具体在做些什么。

这是我学习到的重要一课,因为它彻底转变了我的关注点,不再关注自己在做什么,而是关注马儿的反应。我意识到在我的课上,我不断收集学生的信息,以检验我的教学效果。当然除了官方的评估和关键事件的调查问卷,我也会看看学生脸上的表情来确定他们是否真的学会了课堂内容。我也在教室里走来走去悄悄观察小组讨论,经常竖起大拇指或做出拇指向下的动作，我像"老师"一样地"做"着教学。

结论

以上每个片段都让我学会了一些做一个好教师应具备的东西。每一个都强调了我专业学习的一个方面的性质。首先，我用自己学习骑马的经验来分享我对焦虑、沮丧、绝望和满足感的感受。在骑术中"打开缰绳"的意思是指控制马儿转向，这是一个姿势上的微妙转变，几乎不可辨别，但我知道我正在打开这个锦囊，和我的学生讨论有关教学内容的感觉。作为一名教师是具有挑战性，要求如此苛刻，情绪起伏仿佛过山车一般，但就应该如此。

我把有关我的最初信念和热情的部分也放在了这些片段（推向极限）之中，以强调支持学生的努力有多重要。讲那节课的教练比Karren的经验更少，低估了我的能力，结果我花了很长时间恢复身体的瘀伤，而我感觉的那种绝望徘徊得更久。我从此不再次信任那位特别教练的判断，与她一起上课，但是通过这个片段，我意识到了培养学生应对教学现实的自我效能和应变能力有多重要。

马术学习包括了解和熟练掌握多种骑术。我练习了一些不上马的平衡技巧。还有其他的一些技巧，例如脱蹬练习。我闭上眼睛，两臂架起，就这样我一跃而起。但即使成功完成了"障碍跃跳"的任务，我依然感觉自己不是一名骑手。我觉得定格在和马儿一跃而起那一瞬间的自己才像一个真正的骑手。这是一个幻想的、凭空臆想的画面。这个练习本应给我一种更好的跳跃感，但在这个例子中，那个画面从未出现。我从各种快照片段中学到了学生掌握不连贯、需要自己拼接技能顺序的重要性，但我也认识到这些技能往往需要在课堂实践的情景中才能更好地掌握。

在最后一段的建模上我强调当所有技能都掌握的那一刻，我才觉得自己像个骑手了。直到那时我有能力完成骑马任务，我可以自己备好马鞍上马，然后加速小跑稳坐在马背上，我可以跃过藩篱以及其他许多东西，但我仍然感觉自己不像一名骑手。因我只专注于自己如何做得更好，改善我的技术，但从来没有关注过马儿以及其被人骑的感觉。只是当 Fizz 抓住我的注意力拱背猛跳，准备摔下我时，我才反应过来回应它，那一刻我才是一名骑手。我相信这种做法的重大改变促使了我在马术上获得巨大的进步，但具有讽刺意味的是，这是我最后的一堂骑马课。

我在马场上得到的经验使我的实践有所改变。作为一个有经验的教师教育者比做一个完成教学任务老师的要轻松多了。通过骑马的自学研究，我的身体就是感知和联系教师教育者的媒介。务必要记住，学习的方式多种多样。我很期待下一次实习教师实践回来后能够说他们会做教学。这种自学重新赋予了我新的热情，去积极参与关于跟随情绪和角色体现之间巨大差异的对话。

致谢：感谢我的女儿马德莱娜（Madelaine），毫无疑问她是一位教练、激励者和研究助理……

参考文献

Bandura, A. (1997). *Self—efficacy: The exercise of control*. New York: Freeman.

Berry, A. , & Loughran, J. J. (2002). Developing an understanding of learning to teach in teacher education. In J. J. Loughran & T. Russell (Eds.), *Improving teacher education practices through self — study* (pp. 13—29). London/New York: Routledge Falmer.

Brookfield, S. D. (1995). *Becoming a critically reflective teacher*. San Francisco: Jossey—Bass.

Brookfield, S. D. (2005). *The power of critical theory for adult learning and teaching*. Berkshire: Open University Press, McGraw — Hill Education.

Garbett, D. (2007). *Science teacher education*: Foster confidence and competence. Unpublished doctoral thesis, Monash University, Australia.

Garbett, D. (2011a). Horse riding 101: The role of experience in reframing teacher education practices. *Studying Teacher Education*, 7

(1),65—75.

Garbett, D. (2011b). Developing pedagogical practices to enhance confidence and competence in science teacher education. *Journal of Science Teacher Education*, 22(8), 729—743.

Garbett, D. , & Ovens, A. (2012). Being a teacher educator: Exploring issues of authenticity and safety through self — study. *Australian Journal of Teacher Education*, 37(3), 43—56.

Ham, V. , & Kane, R. (2004). Finding a way through the swamp: A case for self—study as research. In J. J. Loughran, M. L. Hamilton, V. K. LaBoskey, & T. Russell (Eds.), *International handbook of self — study of teaching and teacher education practices* (pp. 103 — 150). Dordrecht: Kluwer Academic Publishers.

Kane, R. (2007). From naïve practitioner to teacher educator and researcher. In T. Russell & J. Loughran (Eds.), *Enacting a pedagogy of teacher education: Values, relationships and practices* (pp. 60—76). London: Routledge Falmer.

Korthagen, F. , Loughran, J. , & Russell, T. (2006). Developing fundamental principles for teacher education programs and practices. *Teaching and Teacher Education*, 22, 1020—1041.

Kosnik, C. (2003). *Reflection in teacher education: It starts with me*! Retrieved from the World Wide Web: www. oise. utoronto. ca/~ ctd/networks/journal

Lankshear, C. , & Knobel, M. (2004). *A handbook for teacher research from design to implementation* . Berkshire: Open University Press.

Long, D. T. , & Stuart, C. (2004). Supporting higher levels of reflection among teacher candidates: A pedagogical framework. *Teachers and Teaching: Theory and Practice*, 10(3), 275—290.

Loughran, J. J. (1997). *Teaching about teaching: Principles and practice*. In J. J. Loughran & T. Russell (Eds.), Teaching about teaching: Purpose, passion and pedagogy in teacher education (pp. 57 —

69). London:Falmer.

Loughran,J. (2006). *Developing a pedagogy of teacher education: Understanding teaching and learning about teaching* . Oxon: Routledge.

Macintyre Latta,M. , & Buck,G. (2008). Enfleshing embodiment: 'Falling into trust' with the body's role in teaching and learning. *Educational Philosophy and Theory*,40(2),315—329.

Myers,C. B. (2002). Can self－study challenge the belief that telling, showing, and guided practice constitute adequate teacher education? In J. J. Loughran & T. Russell(Eds.), *Improving teacher education practices through self－study*(pp. 130－142). London/New York:Routledge Falmer.

Ovens,A. , & Powell, D. (2011). Minding the body in physical education. In S. Brown (Ed.), *Issues and controversies in physical education:Policy, power and pedagogy* (pp. 150－159). Auckland: Pearson.

Ovens,A. ,Hopper,T. ,& Butler,J. (2013). Reframing curriculum, pedagogy and research In A. Ovens, T. Hopper, & J. Butler(Eds.), *Complexity thinking in physical education* (pp. 1－13). Oxon: Routledge.

Russell, T. (2007). How experience changed my values. In T. Russell & J. Loughran (Eds.), *Enacting a pedagogy of teacher education:Values ,relationships and practices*(pp. 182－191). London: Routledge Falmer.

Scherff,L. ,& Kaplan,J. (2006). Reality check:A teacher educator returns home. *Studying Teacher Education*,2(2),155—167.

Trumbull, D. (2004). Factors important for the scholarship of self— study of teaching and teacher education practices. In J. J. Loughran, M. L. Hamilton, V. K. LaBoskey, & T. Russell (Eds.), *International handbook of self － study of teaching and teacher education practices* (Vol. 2, pp. 1211 － 1230). Dordrecht: Kluwer

体育教师教育的自学研究　探索实践与理论之间的相互作用

Academic Publishers.

　　Zimmerman, B. J. (2006). Development and adaptation of expertise: The role of self-regulatory processes and beliefs. In K. A. Ericsson, N. Charness, P. J. Feltovich, & R. R. Hoffman (Eds.), *The Cambridge handbook of expertise and expert performance* (pp. 705-722). New York: Cambridge University Press.

在镜中探索：自我形象和教师教育环境的改变

阿什利·凯西（Ashley Casey）

研究情景

大约四十年前，Whitehead 和 Hendry（1976）提出，体育教师作为一个被公众认为是不太聪明的个体，一个可以交朋友的人（原文如此），但不是一个可以与其交流批评言论的人。当用这个标签来"观察"哪些人可以做事、哪些人不能教书，以及哪些人不能当授课教师的时候，这些不够生气勃勃、友善和不愿评判的人如何成为我们教导的老师呢？本文着重从教师研究员到教师教育者的个人角度来看探索此问题（Stenhouse，1975），尽可能评判学校的一些实践经验以及我遇到的一些实践方式。但不是说我不希望自己是"友善"和"生气勃勃"的。如果我在本文中对这两点未发表评论，请原谅。

在本文正确开始之前，我需要提供研究的背景。我曾担任中学（11～18 岁）的体育教师十五年，而其中最后七年我以一名教师研究员的身份参与了反思之路。Stenhouse（1975）设想"人"是一个有创造性的和自主性的教师学者，他们通过课堂上的实验思考、不断发展，重新把课堂定位为一个"生活实验室"。这种理论学说是埃里奥特（Elliott，1983）推崇的，它能够帮助教师采取必要的措施，将教育目标转化为教学现实。在此引用了 Elliott（1983）和 Stenhouse（1975）绘制的蓝图，可想而知我从事了研究性教学，在用业余时间（甚至在课间）阅读，参加研究硕士课程，还有博士研究项目，每周有 35 节中学体育课。

1'Praxis, action, and logos, talk, speech'（Roth, Lawless and Tobin 2000, p. 2. , original emphasis）.

阿什利·凯西(Ashley Casey)

拉夫堡大学,英国

邮箱:A. J. B. Casey@lboro. ac. uk

我专门使用三种教学模式（合作学习，运动教育，以及以游戏为中心的方法，当时叫游戏理解课），并通过模型的方法（Kirk，2013）讲授体育教学。我用七年时间挑战了我最初反思 Odyssey 的教学和导向（Attard 和 Armour，2005）。反思 Odyssey 是一个过程，在这个过程中作者探索持续性、长期性和问题的自我实现之旅，以及对教学和学习意义的洞悉。我记录自己每天的反思日记、现场笔记、后期教学反馈、备忘录和研究论文，试图以此来改变我的教学实践方法。以下是我最近试图做的一些改变程度的建议：

> 我 1996 年开始从事教学，2002 年又加入教育界。这并不是说我在此期间出现了职业中断，而是我发现了一种自传式研究、替代式体育教育的教学法，也许这是最重要的行为研究。
>
> （Casey，2013，14 页）

不过，花了七年时间完成这个 Odyssey，我马上"成为游戏守门员"，并离开中学进入高等教育。我的目的是采取实践模型和反思实践，挑战一些同事所说的高校传统教育实践。为此，我继续作为体育教师每天记日记，"直到我进入高等教育，记录那些变化和教学工作中的事态发展"（反思日记，2009 年 9 月 5 日）。从开始高等教育工作以来，我写了 30 多万词条 1 500 项研究。这些当时写的反思，以及我今天的再思考，形成了这个研究，以及我探索过去实践、告知现在和未来的基础。它们说明了我如何延续过去的演讲、研讨会和引自同事的实践课程（及其相关材料），我如何在没有进行过正式培训的情况下把中学的实践应用于教师教育，以及我如何做错并在发现了成为教师教育者真正意义后所享受的成功喜悦，这些情景的回忆能够让读者们去归纳并升华。

自学的目的

可以说，我们有体育教师这个职业的原因是：（1）我们需要有这个职业；（2）我们值得拥有这个职业。为什么呢？有些人认为，大多数体育教师是体制的产物，这个体制奖励那些在传统、有性别之分的学校中主导体育的团队游戏中茁壮成长的学生。这个制度就是"体育教育的某些想法得以传播的主要原因，就是为什么有时候我们有一些体育教育的概念成为主导或消弭并逐渐失去关注"（Tinning，2012，第 116 页）。通过这种方式，Tining（2012）认为体育是一种理念，是一套通过传播推广的文化实践。本文的目的是探索一个所谓的创新中学教师面临的新挑战。在教导体育教师时，我试图展示我在教学中如何使用模型的方法，也就是我中学体育教育实践的主要教学法。

方法论和方法

Loughran（2002）认为：教学研究的历史尤其是教师教育研究的历史非常悠久，但是，无论哪种情况都对实践影响不大。其中最主要的原因是这些研究与"一线"的教育和教师教育者不相关。相反，为了改善这种可悲的情况，自学教师教育实践（SSTEP）的研究重点放在了教师本身关于实践和报告问题的发现上。然后，要求别人概括梳理这些经验报告，用 SSTEP 来挑战 Louie、Stackman、Drevdahl 和 Purdy（2002）所认为的教师教育者对现行做法的曾经的假设。也就是说，我试图找出我对教师以及其他教师教育者（学生、同事和经理）的期望和假设，以改善我的教学，以及为教学成果所进行的学习。需要强调的是，在描述我使用的方法时（与本书编辑思想一致），我斗胆借用了与 Tim Fletcher 合作的内容以便说明本文（参见 Casey 和 Fletcher，2012）。

资料收集

数据资料来自两个渠道。一个是我一直在写的反思日记，从 2009 年 9 月 5 日起（开始教师教育的第一天以及提交博士论文四周前）每天都写，它们是我在高等教育背景下各种经验的书面叙述，也是第一手资料。值得注意的是，这些日记是个人的反思（St. Augustine 的传统），是我了解从中学进入大学教育制度影响的手段。当重新阅读时，这些反思也是我有意从教师过渡到教师教育者的经历，是我最初给预备教师上课时就开始写了（Ham 和 Kane，2004；Williams 和 Ritter，2010）。运用此记录的过程就是第二个数据资料来源，使我重新将自己置身于写作时所经历的情景之中。

接触这些场景是自学项目的一部分。这样做的意义在于能找到诸如教堂钟声这样的情景、个人回忆，以及最重要的地点文献（Kelly，2005，第112页）。

因此，当反思被用作"地点文献"时，可以将其作为特殊物景，让我在写作时回忆起当时的每一个情景。它们可以提醒我作为预备教师教育者时的那段时光以及所做的反思工作（Schön，1983）。

成果

我选择在这部分探讨两个主题：（1）只要你能发现，一切均有意义；（2）要越来越好奇。这些主题来自 Lewis Carroll 的工作，它们能更好地表明我为什么要在标题中借用从他提到的"透过镜子看到的 Alice"的道理。这些是本文的目的，但是，它们可以有不同的解释方式，取决于写作的情景以及作者实际的参与。我希望它们能服务于本文的理念，因为它们表明：（1）当我进入一个又新又不熟悉的环境时所发生的事情都扭曲了；（2）SSTEP 在我成为更好的教师教育者的旅程中的重要性。这些贯穿在我的探索中以及我日记的地点文献中。第一个主题是为了表明我们需要注意教师教育者的警告，并尽快找到解决问题的方法。第二个主题探讨的是我发现：我反思和自学得越多，对预备教师教学中的兴趣和挑战就越有兴趣。

只要你能发现，一切均有意义

在一个机构中待了十多年的时间，你就可以理解那个机构以及你的位置。事实上，十多年来，似乎每个人也都了解你的位置。你能体会到你的特质被了解、被接受，并且继续下去。这就是我经历的情况，从2002年开始了我自己的 Odyssey 反思（Attard 和 Armour，2005），并在这个反思上激发我的实践。这不是一个顺利的过程，我犯了一些错误，但我在那个阶段足够强大、足够努力，做出了改变并生存下来。当我加入高等教育队伍后，我非常期望能够带着这份安全感和其他人对我的理解。我天真地认为我可以在任何环境下茁壮成长。但我忽略了一点，虽然中学教育和高等教育之间有相似之处，但中学和大学是不可比拟的。

显而易见的第一件事是，我没有完全"理解"大学。我没有弄清楚我的位置，或者在这个社区如何成为一名学者。确实"我预计会承受风险，特别是在我有熟悉感觉的时候（我过去所在的学校），但这感觉有点孤独。我承受着风险，而不是故意要继续处于黑暗中（反思日记，2009 年 9 月 7 日）。这种孤独的感觉继续徘徊着，倒不是因为我被排斥了，而是因为人们有自己的事情要做、要管理，我期望找到自己的方式。这是一个漫长的过程，我开始明白应该每天都"多破解一点谜题"并学习如何成为一名学术界人士。然而，一个没有方向的刚入职的教师教育者正在替代我曾经为人师的自信，我开始质疑我是谁，我为什么在这里。我注意到："我明白我应该做好我的工作，我对中小学生以及他们的学习都产生了重大影响。谁会在同样的岗位上对我这样说？"（反思日记，2009 年 9 月 11 日）

我的中学实践的基石之一是我使用模型的方法（参见 Casey 等，2009；Casey 和 Dyson，2009；Casey，2013）。另一个方面是我与学校以及学科领域的实践所做的努力（Casey，2012）。我希望我能够保持模型方法的使用，同时避免我进入大学后有类似的斗争。话说回来，这些希望大多数都实现了，但在初期并不明朗：

> 似乎有些人在教学中比其他人进步更多，这意味着我还要继续奋斗，但我不确定他们是否会像我在过去所在的学校那样。不过，我相信在我能按照自己的方式做事之前我的教学理念会受到挑战（至少在最初）。
>
> （反思日记，2009 年 9 月 9 日）

我预计要先妥协，然后才能按自己的方式做事，这个预测比我所想象的更为真实。我不知道这些最早的反思有多少是华而不实的，但它们似乎是一个最终自我实现的预言。我所缺乏的是在这样的机构中如何取得成功这样的基本知识（反思日记，2009 年 9 月 14 日），我需要快速学习。"孤注一掷"的感觉替换了熟悉的学校环境及其相关的舒适度，在间断的阶段"不断被一点点揭示"。我在自己的策划中渐渐迷失（即我所信赖的教学方式）。这并不是我被忽视的问题，而是人们都认为我作为中学教师的经历和一个将近结业的博士生的经历是我已具备的基础。我没有教师教育者的经验，没有大学学历的经验，当然也还没有考虑甚至说明白我的教学方法究竟如何，我曾认为（我的雇用者也认为）

过去的经验和待定资格足以让我成为一名优秀的教师教育者（Casey 和 Fletcher，2012）。

这样的理解现在看起来很容易懂，但在当时这种感觉很正常。新人进入了一个广阔世界，对周围充满未知感，也不知该怎么做。这有些与大学首字母缩写有关，就像在到处撒糖果那样，但我需要一本短语书来了解；还有就是与时间表和教学量有关，因这些不足以反映出我在学校一堂接着一堂课的忙碌状态。事实上，我们可以利用的时间还是很充裕的，但也有一种让我咬紧牙关想要改变教学的感觉：

> 工作日的对比很有意思。在最后三个星期中所开的会议中似乎比"我过去所在的学校"还长一英里。准备的程度十分艰巨。还有一个自由讨论，虽然有领导布置的工作，但处理这些问题是呼吸新鲜空气的方式。如果对话水平都一样，那么学校会改善不少。人们相互信任、相互尊重，这似乎是一种更好的前进方式。无论如何，谈话可能在下周再继续，但具体的做事已经开始了。我期待我的第一次表现。
>
> （反思日记，2009 年 9 月 24 日）

但情况不仅如此。"接下来会发生什么"能让我见识更多的事情呢？我进入大学的第一个月，根本没有反思自己关于教师教育的学习。假设我已经做到这一点，我的日记表明我确实是做到了。我认为"自我感觉良好"，第一个教学日后，"我坐下来回味干得不错"，但这并没有使我从中意识到下一步要面临的那些问题。事后意识到这些最初的经验是与大学新生在第一年的第一个星期有关，他们与中学生差不多。结果，我的教学被认为是可能与他们的要求相"契合"的。

然而，虽然我教导教师的最初经验只是加强了我适合高等教育工作这个理念，但现在所取得的收获使我意识到我正在失去许多作为中学教师的独特之处。我发现我的教学科目是"走出了舒适区，但教育方法根本不是我期望的。我猜这是育人的课题。道德上似乎是我需要做我自己该做的工作"（反思日记，2009 年 10 月 6 日）。这个"育人"的理念是我早期工作的一方面，但扭曲了自己作为教师和教师教育者的想法。我迷失了自己，虽然我很感激所有与我分享工作和想法的同事，但我会为我自己做更好的规划和准备。

寻找教益

关键的时刻在第一年的 11 月初到来了。但或许更令人担忧的是，我意识到自己忘记了经过七年从业研究成为教师的风险。一个月前我概述的意见如下，我甚至警告自己："我可以胜任教学，现在要找到一个更好地接近这个体育单位又不落入陈规、破旧做法的途径。"（反思日记，2009年 10 月 6 日）但那个警告（和其他警告一样）都没有引起注意。直到我收到同事用电子邮件发送出的一个"预先劝告"事情才开始不顺利：

> 昨天 Chris（化名）发来一份关于体育单位和学生对传统学习成果的关注，以及进行自我反省的有趣的电子邮件。第一，我以为我满足他们的预期。不过这将与多年来的教育学以及课程的转变相悖。然后通过 Chris 给我的思考，我发现自己并不需要这样妥协，但我知道他给我的建议时一定用了不少方法，而这样也会对他有所伤害，对我所坚持（博士顺利毕业）的信念感到不满。这是一个需要我继续发展的新世界，需要反思，需要批判性的教学。我不想回到说教风格，也不想原地踏步。这本杂志的主要目的是阐明我如何面对这个特殊的问题，来证明该观点是错误的。但了解学生对这种教学法的反应则很有趣。
>
> （反思日记，2009 年 11 月 9 日）

这个时刻对我是一个决定性时刻，但在本文的背景下也需要一些额外的解释。我正在教一个单位的二年级学生，我一直在跟踪解读这段时间我与同事的会话。从许多方面以及事后来看，我发现我跟不上几种教学风格的脚步了，但肇事的"怪物"不是任何人（工作人员或学生）所预期的或期待的。尽管我的反应相反，我也默认了。此外，我几乎被这件事搞得措手不及（尽管我对自己有警告），但这也是将我自己推上一个更好的轨道的动力。我和我的同事以及雇主都设想我非常适合高等教育，但现实有些不同，这使人内疚。在接受其他人的工作时，我试图通过不同类型对他们进行教导。但不是他们的类型，而是在学校教师重申自己的陌生环境的时候，我以为我已经摒弃了的刻板印象和方法。我发现自己失去了对教育学和工作环境的感知。我常假设我知道自己在做什么、去哪里，只是迷失了一点路。然而，没有任何明确和刻意的准备去教导教师，我的早期经验表现与其他教师教育者并无不同（例如：Ritter，2007；Zeichner，2005）。然而关键因素是我发现了我的教益和教学指南可以继续前进。我现在考虑的教师教育方法并不是来自我早期的经历，而是来自我寻找方法而采取的步骤，把自己定位于所处的环境中，正如以下我将要讨论的。

越来越好奇

Adams（2009）曾说，大学教师经常引用学生课程评估和非正式的同行反馈作为改变其做法的催化剂。来自 Chris（上一节）的电子邮件是我自学的开创性时刻，也是改变我的催化剂之一。如同 Murray 和 Male（2005）所研究的新任教师教育者那样，我感觉面对现实时技能有所消退，因为我进入高等教育时放弃了我中学实践时的一些成功因素。不仅如此，我也发现我必须忘却自己以前的一些教学方式，因为它们是为更年轻的孩子而"设计"的，现在必须为成人学习者而学习，需采用新的合适的教学方法。这是从 2009 年 11 月 9 日开始做的，虽然我在此将会探索这些想法，但这仍然是一个持续的过程，我希望它永远不会结束。

我特别感谢一位帮助我面对真实的自己以及教学法发展的同事（反思日记，2009 年 11 月 10 日）——她知道自己是谁——在某种程度上这是第二个开创性的时刻（几乎是好多天）。这让我对自己的教学越来越好奇。结果是我运用了合作学习的方法进行体育教学，但我可能轻易地走上另外一条路：

> 很容易去采用一个旧的、不被热爱的以及没有错失的教学法，但这可能是错的。世事并不完美，实际上是双重课程的饱和本来会成为许多班级的失败之处：寒冷和沉重的 11 月份，两个半小时的教学对每个班级来说都是艰难的。不过，我今天下午 1 点所感到的担心以及昨天晚上和星期天晚上的困境，我需要高兴，因为我朝着正确的方向迈出了一步。
>
> （反思日记，2009 年 11 月 10 日）

这不单单是说我从教学中吸取了教训，并将其应用于大学环境中。正如 Loughran（2006）所说，我（作为教师教育者）和学生的想法（和他们向 Chris 表达的关注）需要在教学实践中提出来。没有我的书面讨论以及随后具体实践想法背后的分析，"教师教育就会成为一系列'小提示和技巧'"（Casey 和 Fletcher，2012）。所以我也需要对一些过去做得很好的实践"放手"，开始制定一个新的教师教育法。这不是个简单过程，像 Murray 和 Male（2005）所说的，很多新的教师教育者要为应对这一挑战而奋斗，特别是在需要修改这些实践经验的时候。

虽然知道即将发生什么"灾难"，而且从我多年来积累的地点文献也可以看出，让勇敢的同事和一些满腹怨言的学生打电话唤醒我是要有勇气的。然而，我没有在急流中被冲退，并意识到那种过度依赖别人的教学法和内容的做法好比是"叫醒电话"。几天内我反思了"事情的演变"，以及我如何从"一种令人恐惧的感觉切换到一种令人满意的感觉"。其关键因素在于从 Chris 的课程计划中脱离出来并下定决心加以运用：

> 一些使我感到更自在的东西才是我所信仰的真实教学，这对我的学生以及他们的学习更重要。这是关于变化和成长的概念。然而，这也是教导（帮助）别人解开他们的先入为主的学习习惯，并鼓励他们接受其他想法的教学方法。
>
> （反思日记，2009 年 11 月 11 日）

我意识到我教师教育事业的方式从一开始就错了，我一次又一次地反思。1 月下旬，"我很想知道我写的这些结论以及我的努力是如何让我挖掘自己的方法来讲授非常传统的课目的"（2010 年 1 月 26 日）。事实上这个信念非常坚定，在我的学术论文中也有所体现，就是体育教育缺乏任何改变的时间长达五十年。然而，我还在这里教导体育教师。如我在其他地方所作的报告中所说（见 Casey 和 Fletcher，2012），我觉得有必要接受一个包容我先入为主观念的人，去影响我的大学教学。我先入为主地认为大学教学是讲授、讲述和解释观点，我失去了（或努力获得）教师教育者支持预备教师所需的那种直觉。特别是"学习教学的过程，更重要的是学习的复杂性与特定的学习主题相关联"（Berry 和 Van Driel，2013，第 118 页），这种情况也称为教学方法。

以上的建议大多是新员工能力的过度自信，以及他们在不熟悉的角色中甚至看不到自己所需要的支持所带来的后果。这不是说我足够诚实，甚至承认我需要支持，我也不责怪我的工作单位没有给我勇气承认问题。以美国的情形来说，Cochran－Smith（2003）的一篇报告称："对教师教育者的多重要求与差距、教师教育者的课程和政策支持着他们不断学习"（第6页）。为此，我并不孤单，而只有通过这些日记和写作，我才看到了这些问题或关注点。令人担忧的是，我可以看到我和那些有抱负的教师教育博士生重复犯错。我已越来越具有好奇心，但要确保自己不忘记工作单位里所有人的好奇心。我有责任鼓励他们成为大学里的一名学者，并评判他们的教学方式，让他们采取行动去改变。这将是本研究在最后一节讨论的重点。

意义

自学研究采取了一个教师作为学习者的立场（Loughran 和 Berry，2012），并专注于参与者的教学过程和实践体验。他们许多的研究强调了教师教育者身份形成过程的重要性和反思的作用，给预备教师提供反思工具，帮助他们制定明确的实践（Berry，2009；Loughran，2006；Williams 和 Ritter，2010）。虽然我过去的经验和博士生经历被视为教师教育教学的重要方面，但都没用到高等教育中。如 Zeichner（2005）所说，我追求博士研究的初衷是为了提高我在学校的教学实践，所以博士生期间我不关注教师教育，我对自己先前的学习和教导预备教师"提示和技巧"的从容做了太多的假设，认为他们应该成功地完成教师教育本身的工作。

在他们的科学教学和教师教育工作中，Berry 和 Van Driel（2013）建议，当教师教育者在寻求促进学习的特定教育方法时，他们面临共同的问题和挑战者。我的实践是围绕模型的使用（参见 Casey，2012）。最初我对这些方法在一定程度上选择保持沉默，"借鉴"其他同事的经验教训。然而，在这些案例方法中，从回复 Chris 的电子邮件中可看出，我不得不考虑这些体育训练方法（如合作学习）如何（a）出现在大学里，后来（b）又转移（或没有）进入学校环境。像 Berry 和 Van Driel（2013）那样，我选择"通过强调促进 PST 的机会，体验自我导向的学习和问题的解决"(第 2 页)。但是，这不是一个具有特定结局的简单过程。相反，这也是与 Cochran－Smith 的工作一致（2003，第 9页），我将学习概念化，作为学习过程和学习性的探究。但是，我看到了自己作为教师教育者的更多责任。因此，我承担了一个额外角色，支持博士生了解他们成为体育教师教育者的意义，鼓励他们参与自我反思的关键过程。

在我担任教师教育者的第一年中，我了解到各种期望是一种潜在的危险。我开始依赖别人的经验教训，试图以我理所当然的方式进行教学。大学的背景扭曲了我的教学法以及我对教学的看法。实际上，我放弃了很多我所擅长的东西。当然，自学作为我衡量错误的标准让我有所收获。然而，重要的是其他人——特别是新任教师教育工作者——能够得到支持，使他们不必犯同样的错、能尝试和学习。在教师教育过程中，我们不能做出假设，要在他们的经历中帮助他们。我们应该做的是支持他们发展自己的教师教育教学，不再任其自然。

参考文献

Adams, P. (2009). The role of scholarship of teaching in faculty development:Exploring inquiry－based model. *International Journal for the Scholarship of Teaching & Learning*, 3 (1). Retrieved from http://academics. georgiasouthern. edu/ijsotl/v3n1/articles/_Adams/index. htm。

Attard, K. , & Armour, K. (2005). Learning to become a learning professional:Reflections on one year of teaching. *European Journal of Teacher Education*, 28(2), 195－207.

Berry, A. K. (2009). Professional self－understanding as expertise in teaching about teaching. *Teachers and Teaching：Theory and Practice*, 15, 305－318.

Berry, A. , & Van Driel, J. H. (2013). Teaching about teaching science:Aims, strategies, and backgrounds of science teacher educators. *Journal of Teacher Education*, 64(2), 117－128.

Casey, A. (2012). A self－study using action research:Changing site expectations and practice stereotypes. *Educational Action Research*, 20(2),219—232.

Casey,A. (2013). 'Seeing the trees not just the wood': Steps and not just journeys in teacher action research. *Educational Action Research*,21(2),147—162.

Casey,A. ,& Dyson,B. (2009). The implementation of models — based practice in physical education through action research. *European Physical Education Review*,15(2),175—199.

Casey,A. ,& Fletcher,T. (2012). Trading places: From physical education teachers to teacher educators. *Journal of Teaching in Physical Education*,31,362—380.

Casey,A. ,Dyson,B. ,& Campbell,A. (2009). Action research in physical education: Focusing beyond myself through cooperative learning. *Educational Action Research*,17(3),407—423.

Cochran — Smith, M. (2003). Learning and unlearning: The education of teacher educators. *Teaching and Teacher Education*,19, 5—28.

Elliott, J. (1983/2007). A curriculum for the study of human affairs: The contribution of Lawrence Stenhouse. In J. Elliott (Ed.), *Reflecting where the action is : The selected works of John Elliott* (pp. 15—29). London:Routledge.

Ham,V. ,& Kane,R. (2004). Finding a way through the swamp:A case for self—study as research. In J. J. Loughran,M. L. ,Hamilton,V. K. Laboskey,& T. Russell(Eds.), *International handbook of self — study of teaching and teacher education practices* (pp. 103 — 150). Dordrecht:Kluwer.

Hardman, K. (2008). Physical education in schools: A global perspective. *Kinesiology*,40(1),5—28.

Kelly,T. (2005). Truth and fiction:Seeing our rural selves. In C. Mitchell,S. Weber,& K. O'ReillyScanlon(Eds.),*Just who do we think we are?:Methodologies for autobiography and self–study in teaching* (pp. 111—120). London: Routledge.

Kirk, D. (2013). What is the future for physical education in the 21st century? In S. Capel & M. Whitehead(Eds.), *Debates in physical education* (pp. 220—231). London: Routledge.

Loughran, J. (2002). Understanding self – study of teacher education practices. In J. Loughran & T. Russell (Eds.), *Improving teacher education practices through self — study* (pp. 239 — 248). London: Routledge—Falmer.

Loughran, J. J. (2006). *Developing a pedagogy of teacher education* . London: Routledge.

Loughran, J. J. , & Berry, A. K. (2012). Developing science teacher educators' pedagogy of teacher education. In B. J. Fraser, K. G. Tobin, & C. J. McRobbie (Eds.), *Second international handbook of science education* (pp. 401—415). Dordrecht: Springer.

Louie, B. Y. , Stackman, R. W. , Drevdahl, D. , & Purdy, J. M. (2002). Myths about teaching and the university professor. In J. Loughran & T. Russell(Eds.), *Improving teacher education practices through self—study* (pp. 193—207). London: Routledge—Falmer.

Murray, J. , & Male, T. (2005). Becoming a teacher educator: Evidence from the field. *Teaching and Teacher Education*, 21, 125—142.

Ritter, J. K. (2007). Forging a pedagogy of teacher education: The challenges of moving from classroom teacher to teacher educator. *Studying Teacher Education*, 3, 5—22.

Roth, W. — M. , Lawless, D. , & Tobin, K. (2000). Towards a praxeology of teaching. *Canadian Journal of Education*, 25(1), 1—15.

Schön, D. A. (1983). *The reflective practitioner* . New York: Basic Books.

Stenhouse, L. (1975). *An introduction to curriculum research and development* . London: Heinemann.

Tinning, R. (2012). The idea of physical education: A memetic perspective. *Physical Education and Sport Pedagogy*, 17 (2), 115—126.

Whitehead, N. , & Hendry, L. B. (1976). *Teaching physical education in England* . London: Lepus. Williams, J. , & Ritter, J. K. (2010). Constructing new professional identities through self - study: From teacher to teacher educator. *Professional Development in Education* , 36,77—92.

Zeichner, K. M. (2005). Becoming a teacher educator: A personal perspective. *Teaching and Teacher Education* ,21,117—124.

通过教师同行认识教师教育

艾伦·欧文（Alan Ovens）

情景

很庆幸我在大学工作了一段时间，我既热爱体育，又拥有与非常有能力的、忠诚的学生在一起工作的机会，成为该领域评判的倡导者。评判是一种解放性政治形式，是让学生参与阅读和讨论健康和体育教育的地方，是讨论合法化、知识流通等核心问题和社会正义问题的地方。就像我的许多体育教育者同行一样，评判性话语提供了一个智力框架和语言，使体育教育者理解和解决教育实践的复杂性、人性化和释放潜力的问题（Ovens，2013）。我的教学方法旨在以教师的身份鼓励学生评判、探索以及挑战现有的知识和获取信息的工具。这是我二十年来探索、发展和演变的研究方法。

与此同时，我很担心一点，即促进教师教育的关键方法，是通过反驳教师教育者能力的理性主义的形式，才制定出这一概念的意义。换句话说，工作单位倾向于个人的升华，并相信每个人都能够挑战教育实践的意识形态本质，从而转变它（Segall，2002；Tining，2002）。这是进一步通过教学法复杂化的广义传播，以及口头知识在实践中记忆、应用的教学过程。如果以这种方式教学，学生只能学习关键性的教学法理论，而不是评判理论的教学法（Giroux，1996）。就是当学生学习和分析教育背景下权力的关系能够影响教育成果时，在职教师往往是通过学习进行批判性分析，而不是做一个积极的评判者去批评教师教育环境中专业学习的建立。

艾伦·欧文(Alan Ovens)

奥克兰大学，新西兰

邮箱：a. ovens@auckland. ac. nz

在本文中，我将研究重点放在检验教师教育者如何为教育学制定一种评判形式。尤其要探讨的是，我与学生探索同行教学，如何加入体育教师教育（PETE）计划，从同行那儿学到一些东西，来改善未来的实践。通过同行教学，即组织课程实践，让学生在教学中轮流交换身份练习，同龄人相互学习，接受他们的反馈，并反思经验（Korthagen 和 Ovens，2012）。这样，课程的结构、组织与讲师的关注点、传播方式有明显差异，是让学生参与学习社区关注自己本身和教学实践。这个焦点的转移，为我提供了一种分析法，并考虑实践手段以及对我来说至关重要的默契、个人实践知识和理解教学（Male，2002；Pinnegar 和 Hamilton，2009）。

我在四年制的 PETE 学位计划中实施了这种方法。从第一天开始本课程的学生就沉浸在体育的本质和内容之中，通过教学研究，这在他们更广泛的课程工作中成为重要的一个方面，甚至有时作为学位的一部分运行在其中。此外，学生每年至少拥有一次实习经验，这意味着在四年的课程中，他们在各种各样的学校、年级都经历教学过程，涉及不同的内容领域。拥有这套旧的知识和经验，我运用同行教学的目的在于以探究为导向，让 PETE 学生认真对待他们的专业知识、在教学中遇到的问题以及解决的方法。我希望将课程结构作为轨迹或空间，让学生不再以被动的方式从专家的定位中简单地学习预定的知识体，而是放下包袱，检验并思考体育教师从经验中获得的知识能如何塑造他们的行动并解决问题。

检验实践中的自我

我想通过自学阐明、挑衅和挑战我作为教师教育者的实践（Loughran 和 Pinnegar，2001）。把学习经验意义构成的（面向自己和学生的）教学开放细查，模拟正在进行的重要交流是教师教育的核心。正如 LaBoskey（2004）所言，我们采取自学的动机源于我们都承认个人历史和文化认同与学生一样是有限的，如果我们自己不拓展，就不能扩大视野。同样，如果我们不能探测和质询自己的偏见，我们也不能帮助他们侦测和质询自己的偏见（第 840 页）。

公开自己的探究教学法并不是那么容易的，因为它被多个相互依赖的因素限定了，如传记、个人政治、监管标准、制度文化、教学空间和资源。不要迫切地解开这些链接，否则会因此失去代表推动教育学前进的每个贡献，意味着批判性地检测关于我同伴教学的假设如何作为教学法去构建有意义的学习机会（Brookfield，1995）。我的搜索理由以及文献研究揭示了两个关键性的假设，支持着我使用同行教学。

假设 1：在教学中教师体验关系的复杂与教学困境

同行教学有可能将教学的课程结构从传播风格转移到学生参与学习型社区的学习，从而侧重于教学实践。这要面对一个二重性问题，即教知识和教实践是分开的（Britzman，1991）。通过实习教师体验复杂性联系以及教学困境的机会，是专业决策的核心以及良好判断力的体现。需要不断辨识构建反思和学习基础的决策，教学知识不代表某种确切或通用的东西，而是一种解决教学问题的具体教学方式。

假设 2：同行教学创造一个重要的学习社区

学生认为同行教学能够提供积极有利、有价值的学习经验，当学生得到发展合作学习关系的机会时，往往是与社会、情绪和认知收益相关的。同行教学可以创造一个比大型演讲式教学更具包容性、满意度和互动性的积极型的学习社区（Ten、Cate 和 Durning，2007）。同行可以根据他们理解的语言对概念进行解读（Cate 和 Durning，2007）。

研究也认为同行教学是讲授理论知识、临床和精神运动技能、领导和合作行为（Goldschmidt，1976；Secomb，2008）的一种有效方式。当学生能够复习、组织和呈现主题材料，供同行学习借鉴深入学习时，也有可能做深入的学习（Whitman 和 Fife，1988）。

实施

为实施同行教学法，我亲自组织课程，在课程中给每个学生都分配一些时间，让他利用课堂这 30 分钟的时间给其他的同学授课。同行教学过程遵循同行评估及自我评估的教学设置。每一堂课后，大家都聚集在一起简要汇报。首先由授课同学对他授课方式做一个简要解释，然后反思哪方面可以改善、做得更好。班级的成员给出第一轮反馈，侧重于可以改进的方面，第二轮反馈的侧重是做得好的方面。同时我也参与并提供反馈。在这些回合中，授课同学没有答复权。他可以选择接纳课后评论的这些反馈和鼓励。这样学习教学既让学生们站在了教师角度，也证明了在行动中的学习可以作为一种专业的判断形式。最后的总结评估是基于他们对教学信念的反馈而做出的。

实证研究

为了让自己立足本研究以便"形容、解读和发现"（Cochran-Smith，2008，第275页）我的教学法，我采用了自学对话的方式（Placier等，2005），其中有一个对话是与一个重要朋友反复协作完成的，得到了三种形式的经验材料来检验我们的对话。首先，通过反思日记记录同行教学经验；它们记录了我的印象以及对事件、情况、经验、讨论和反思（Holly，1984）的描述。其次，我的评委朋友对我的教学观察了半个学期。最后，八名学生自愿参与两个工作小组的面试。他们的评论是用录音带录制后转成文字的。

该研究始于2007年并持续了三年，在整个研究过程中，我的评委朋友和我会定期会面，并且经常会遇到。对话是一种动态的分析和"思想检查、发展证据、创造公共空间"，从而为行动或理解的主张作一个声明（Placier等，2005，第61页）。汲取看问题的不同角度，面对着不同经历的挑战，并将其与更广泛的文献联系起来，就能使我教学的关键方面变得明确、可供批评。最后，随着我们对该方法的理解让我们共同制订了未来的行动计划。

经验故事

以下的讨论围绕三个主题，展示了对话自学式如何对关注、支持和挑战我的教学有所帮助。每个主题都是我管理同行教学有效性的一个问题。这里所有的实习教师的名字都改过了。

新角色和新技能

实施同行教学最直接的结果是：它改变了我在课堂上的角色，从根本上改变了我的看法和课堂经验。最初，我以为我迷失了方向是因为我没有更多地参与学习以及没有大量的学习技能。我感觉在教室里呈现信息会更舒适，我意识到随着时间的推移，磨炼过后的教学技巧成为越来越有效的传播方式。在这种新模式中，我发现课堂上时间和空间的模式有所改变，使课上的速度、空间和运动都感觉很奇怪、很陌生。

我知道如何在讲座中进行教学，但我发现很难搞明白在不同安排下如何做好学习活动。什么时候打断或说点什么？什么时候保持安静，让过程顺利进行？这个不确定性受到了对我评议的朋友的关注，并记录在了他的观察笔记中：

> 为什么那些"在会话中授课的学生"不会对后来授课的学生传递些经验呢？你为什么不引导他们去提问？体育课迟到可以接受吗？（观察笔记，2007 年 7 月 26 日）
>
> 当 Alex 如此谦逊时，你为什么不说话？我本来想问问Daniel 如别人对你那样说话会感觉如何？（观察笔记，2007 年 8 月 2 日）

在这些活动之后的会议上，我们的对话开始了。先是争论何时中断同行教学，如何使对话更加有效，以及创造我寻求的重要的学习社区。我们注意到如能发现那些可能影响课程的关键要素，如此直接的挑战，并保持积极的学习传统是有难度的。这样做有助于维持与学生的交流以及真实的意见反馈之间的平衡。Berry（2007）认为这是安全与挑战之间的紧张关系。Berry 指出，她这样的风格在同行教学的对话中具有对抗性，但这样的风格可以降低学生的安全感和成长的机会。我的方法不具有对抗性。

当我的日记评论也被纳入讨论时，我的朋友建议考察我的授课感受。例如，我之前写到的"只是看着他们教书，我觉得很无聊"（日记，2007 年 6 月 18 日）。通过探索我了解到，当我也不清楚如何用这种方法来授课时，我也没有从我的教学中得到多少乐趣。由于同行教学要求学生积极参与学习过程，这就需要我在课堂上转变角色（Rubin 和 Herbert，1998）。意识到自己很喜欢做一个提供所有信息的专家，而且传递信息比培养学生在行动中学会知识更容易，可不是件舒服的事。使用同行教学意味着我需要使用我的知识来帮助学生学习，并且这种方法也给我带来了满足、成就和享受的感觉。

真实性的重要

真实性的概念来自学生与他们同伴的共同参与。出现的困难和混乱状态在评论中是显而易见的，例如：

> 同行教学就像实习教师或者学校的效仿学生一样令人困惑，很难认真地对待任务。（学生评论，2007 年 6 月 19 日）

> 同行教学从未准确地模拟出青少年的课堂环境。这些同行之间非常友好，并不总是给出详尽而真实的反馈。（学生评论，2007 年 6 月 19 日）

学生反映说同行教学能够解释某些模拟活动的形式，这些活动旨在模拟一个可能发生于学校的一种情况。当以这种方式执行时，任务会变得非常做作，因为它与学校背景没有任何明确的一致性。我们的自学对话就强调了行动教学与制定教学之间的微妙差异。行动是意味着参与者把任务作为一个剧院表演，他们可以在其中去实践或感受自己的角色（Bell，2007）。相比之下，制定却意味着表演就蕴含于并产生于眼下的环境（Loughran，2007）。当小组成员扮演成学生而不是真的学生，课堂上的行动就很规矩，都是表面的。例如，小组成员假装在课上感到无聊，就好像他们正在扮演不感兴趣的青少年一般，他们就按照一些预先标注的方式去做：大声打哈欠、说着意见不一的观点等等。授课者就赶紧依靠人为去管理（例如，警告学生他们将在课后留下）。

让学生关注行为和制定之间的区别是构建该体验的重要组成部分。当学生表现得无聊的时候，课堂就会成为搞笑的教室，便会降低真实性以及减少从活动中获得有意义的学习机会。然而，如果学生们在同行的授课中真的感到无聊，那就会成为值得讨论的东西。什么行为、想法和言语促使学生脱离课堂、产生无聊的情绪？老师应如何与各种各样的学生相处，都是为了谁的利益呢？参加者更能够在这样的讨论中分享他们的真实感受和想法。

脆弱性

在与学生的讨论中，可以洞察到对于学生改善反馈以及意识到学生社会动力的重要性。例如：

> 我想我们是在试图让它们（课程）变得有意义。我们每一

次都尝试刚刚敲定的东西，所以我们只是这样尝试些有趣的经验，让每个人都喜欢它，并以这样的状态结束。（Alison，重点小组的面试，2007 年 11 月 23 日）

我发现被同行批评是有用的，但对课上有些人来说，这对他们的教学有负面影响。实际上他们无法应付……我亲眼看见一个男孩认为自己很没用，因为他无法应付这样的负面影响，随着课程中大家的抨击，他几乎放弃了授课。（Karen，重点小组的采访，2007 年 11 月 23 日）

将这样的评论加入我们对话的评论中，就是让我们考虑创建社区的本质是什么。让人担心的是学生们的脆弱。他们经常使用如"抨击""锤击"或"捣破"来标注对他们的教学评议。这些词汇表明学生并没有按照预期的方式"听到"反馈意见，而认为是对个人的批评。我需要考虑到对批评意见的情绪上的反应，也要找到能进行公开讨论（和模型）的方式，让那些脆弱、不舒服、可能受伤、烦恼的感觉在你的教学行为被审查时变得是可以接受的、正常的。

然而，创造这种形式的学习社区是一个目标，并且其中一位学生的评论引起了我的注意，我开始考虑过去我在课堂内公开讨论带来的社会动态的变化。Sally 是经常发言分享自己感觉的学生，她的意见很真挚。她说：

你说的是一个持续的后果。我不会那样极端，因为当我走出那扇门时，他们就会说，"哦，她是个婊子"，等等。（Sally，重点小组访谈，2007 年 11 月 26 日）

Sally 的评论表明，她意识到了被批评的社会成本可能是什么。我基本上忽视了一个事实，这些学生在一个队伍中待了四年，已经建立起了一个超越课程的社会层次和关系网。这个强大的连接关系影响着学生彼此之间如何相处以及他们可以说的反馈内容。对于我打算创造一个安全地进行批判性探究环境的想法有点讽刺意味。

重构理解的概念：对初步假设的反思

Cochran－Smith（2008）认为，教师教育的前进方向包括：描述、解读和发现未来之路。进行对话的目的不是解释和给别人分享在实践中对我有用的东西，或提供关于我去实现一个新的想法的忏悔故事。相反，通过迭代和协作式地仔细查阅我的教学，我想阐明教学本身隐藏的性质（Loughran，2004），作为我教学发展的一种方式。通过这个过程，我发现关于同行教学的初步假设正在以下列方式被重构并扩展：

假设 1：实习教师在教学中授课的体验，让他们经历了教学困境及关系的复杂性

最初似乎很明显，同行教学提供了一个真实的授课机会，并暗示着提供了去经历教学困境和关系复杂性的体验机会。如果根据正在进行的实践的使用和价值可以明确地归因于实践社区（Barab 等，2000），那么情形就是真实的。在使用同行教学时，我认为我已经构建了一个真实的情形，因为学生会做教师从事的实践，而且会在授课时解决出现的情境问题。它似乎是一种能够促进学生在学校使用各种思维和解决问题的结构（Putnam 和 Borko，2000）。

然而，很显然，成为老师的角色意味着授课并不是说意味着学生就体验到了真实的情形。我所相信的真实（从经验丰富的教育家角度来看）可能不会被同学们所察觉。相反，学生相信的真实对我而言可能不同。还有一种可能性，我们对真实性的看法在学校的实践社团中都不被互相认可。正如 Barab 等（2000）所认为的：真实性观念来自实践个体之间表现的关系以及这些实践的使用价值。换句话说，就是为了让学生体验到教学关系的复杂性和困境，他们需要把现实情况作为"真实的"而不是想象中的学校情况。这就意味着将学生的注意力集中在给同行授课的过程中，而不是假装他们是学生。我学着鼓励那些在扮演授课者的学生，"教导那些在你们面前的学生"并且"不要跟随他们的情绪进行教学"。这个关注点大大提高了同行教学的质量和相关性。

还有一点，我发现其他情景特征会影响人们对真实性的看法。不同于学校情况的是，课程排序、累积性以及强调课程知识的学习，同行教学课程倾向于一次性不连贯的短时间的限制，并且教学内容不一定要与课程的学习成果相关。我用了不同的方式来处理。最初，我鼓励授课的学生创造性地设计他们的课程，以便他们的同伴在大量不同的思想和方法中体验体育教学。后来我修改了项目中的这种方法，让同伴教学更多地关注教学课题的课程内容。

假设 2：同行教学创造了一个重要的学习社区

在学习集体活动中，同伴教学借鉴了课堂上每个人的知识、经验和支持。小组在讨论新概念的同时，也给了学生表达自己想法的机会，并提供多样化的观点，以便做更深入的了解。我曾经一直很天真，不知道学生对社区的意识达到了怎样的程度。我发现我的学生是学位课程内一个密切团队的一部分，所有的友谊、对抗以及作为密切社会关系网络的各个方面，都积极影响着我上课，支持着教学学习的课程空间。

这并不是说不能在课程中创建一个成为重要学习社区的核心文化。从学生的评论中，我反思出他们在各种各样授课者的课堂中所体验的东西是多么有用。其中一个学生，Sarah，当她的体验结束后这样评论道：

> 这样的体验让我意识到了我的孩子将来可能会是什么样子，因为各种原因有时我的行为举止不当，现在当我在授课时回头再看，我能够做到那个授课的人所做的一切，但我知道为什么现在我来到了一个不一样的课堂上，也或许因为如此，就像一个错误的方式，或者说实际上我没有照顾他们的需求，再或者是我没有按常理对待他们，所以才导致了他们行为不当而不是有他们什么问题，这一点你知道吗？（Sarah，重点小组采访，2007 年 11 月 27 日）。

Sarah 的评论不仅仅是她对学生的认同。她的话连同她迟疑的建议，揭示了她与复杂的教学性质的斗争，指出了学生对教学的参与以及以不同方式思考的选择。

结语

制定批判性理论的教学法不仅仅意味着项目的改头换面，以确保它们是由研究带动并在研究中被了解的，或是用于构建个别课程的教学策略；相反，它意味着以有意义的方式关注教师教育的课程以确保学习教学的目的、性质、文化和过程提供了多个空间和社区，以挑战以往经验和假设，同时也替代思维的观念。替代经验和其他替代方法促进反思性思考（Ovens，2013；Segall，2002）教育理论并不是去掌握那些可以用于教学决策的知识，而是关于如何了解和理解教育过程的批判手段。

　　然而，将其制定为教学法的一种形式时，有必要承认，学习者的世界总是在流动的，学习者、教师和情景之间的联系不是因果关系链，而是多层意义、递归动力学、非线性效应和机会（Osberg，2008，第viii页）。换句话说，那些希望制定评判性教学法的人需要认识到任何确定性改变的理性的局限性（Tining，2002）。通过这种自学，我深深地认识到，要制定一个关键的教学法，我需要对复杂的相互关系、经验、事件、历史、意图和传记的各个层面保持敏感，它们共同在一系列嵌入式和相互牵连的网络和领域中产生紧急效应。制定评判性教学的挑战不在于采用新的方法，或是要理解如何管理所采用的教学方法中出现的多个问题，而是要面对我们自己的教学法如何麻醉了学生去挑战它们自己的教育。只有这样，我们才能确保理论与日常实践相关联，因为这样才能确保其生命力而不是被简化成为要学习的内容。

参考文献

Barab, S., Squire, K., & Dueber, B. (2000). A co‐evolutionary model for supporting the emergence of authenticity. *Educational Technology Research and Development*, 48(2), 37—62.

Bell, B. (2007). Microteaching: What is going on here? *Linguistics and Education*, 18, 24—40.

Berry, A. (2007). *Tensions in teaching about teaching: Understanding practice as a teacher educator*. Dordrecht: Springer.

Britzman, D. (1991). *Practice makes practice: A critical study of learning to teach*. New York: State University Press.

Brookfield, S. (1995). *Becoming a critically reflective teacher*. San Francisco: Jossey—Bass.

Bullough, R. V., Jr., & Pinnegar, S. (2001). Guidelines for quality in autobiographical forms of self‐study research. *Educational Researcher*, 30(3), 13—21.

Cochran‐Smith, M. (2008). The new teacher education in the

United States: Directions forward. *Teachers and Teaching: Theory and Practice*, 14(4), 271—282.

Fernández, M., & Robinson, M. (2006). Prospective teachers' perspectives on microteaching lesson study. *Education*, 127(2), 203—215.

Garbett, D., & Ovens, A. (2012). Being a teacher educator: Exploring issues of authenticity and safety through self — study. *Australian Journal of Teacher Education*, 37(3), 44—56.

Giroux, H. (1996). *Counternarratives: Cultural studies and critical pedagogies in postmodern spaces*. New York: Routledge.

Goldschmidt, B., & Goldschmidt, M. (1976). Peer teaching in higher education: A review. *Higher Education*, 5, 9—33.

Hansen, L., McCollum, M., Paulsen, S., Cyr, T., Jarvis, C., & Tate, G. (2007). Evaluation of an evidence based peer teaching assessment program. *American Journal of Pharmaceutical Education*, 71(3), 1—7.

Holly, M. L. (1984). *Keeping a professional personal journal*. Geelong: Deakin University Press.

I'Anson, J., Rodrigues, S., & Wilson, G. (2003). Mirrors, reflections and refractions: The contribution of microteaching to reflective practice. *European Journal of Teacher Education*, 26(2), 189—199.

LaBoskey, V. K. (2004). The methodology of teaching and its theoretical underpinnings. In J. J. Loughran, M. L. Hamilton, V. K. LaBoskey, & T. Russell(Eds.), *International handbook of self—study of teaching and teacher education practices* (pp. 817—869). Dordrecht: Kluwer Academic Press.

Le Cornu, R. (2005). Peer mentoring: Engaging pre—service teachers in mentoring one another. *Mentoring and Tutoring*, 13(3), 355—366.

Loughran, J. (2004). A history and context of self — study of teaching and teacher education practices. In J. J. Loughran, M. L. Hamilton, V. K. LaBoskey, & T. Russell(Eds.), *International handbook of self—study of teaching and teacher education practices* (pp. 7—39).

体育教师教育的自学研究 探索实践与理论之间的相互作用

Dordrecht: Kluwer.

Loughran, J. (2007). Enacting a pedagogy of teacher education. In T. Russell & J. Loughran (Eds.), *Enacting a pedagogy of teacher education: Values, relationships and practices* (pp. 1—15). New York: Routledge.

Macintyre Latta, M., & Field, J. (2005). The flight from experience to representation: Seeing relational complexity on teacher education. *Teaching and Teacher Education*, 21, 649—660.

Myers, C. B. (2002). Can self — study challenge the belief that telling, showing and guided practice constitute adequate teacher education? In J. J. Loughran & T. Russell (Eds.), *Improving teacher education practices through self — study* (pp. 130 — 142). London: Routledge Falmer.

Osberg, D. (2008). The politics in complexity. *Journal of the Canadian Association for Curriculum Studies*, 6(1), 3—13.

Ovens, A. (2013). Disturbing practice in teacher education. *New Zealand Physical Educator*, 46(2), 20—21.

Pinnegar, S., & Hamilton, M. (2009). *Self—study of practice as a genre of qualitative research* . New York: Springer.

Placier, P., Pinnegar, S., Hamilton, M., & Guilfoyle, K. (2005). Exploring the concept of dialogue in the self — study of teaching practices. In C. Kosnik, C. Beck, A. Freese, & A. Samaras (Eds.), *Making a difference in teacher education through self — study* (pp. 51—64). Dordrecht: Springer.

Putnam, R., & Borko, H. (2000). What do new views of knowledge and thinking have to say about research on teacher learning? *Educational Researcher*, 29(1), 4—15.

Rubin, L., & Herbert, C. (1998). Model for active learning: Collaborative peer teaching. *College Teaching*, 46(1), 26—30.

Secomb, J. (2008). A systematic review of peer teaching and learning in clinical education. *Journal of Clinical Nursing*, 17(6),

703—716.

　　Segall, A. (2002). *Disturbing practice : Reading teacher education as text* . New York：Peter Lang.

　　Ten Cate, O. , & Durning, S. (2007). Peer teaching in medical education：Twelve reasons to move from theory to practice. *Medical Teacher* , 29(6), 591—599.

　　Tien, L. T. , Roth, V. , & Kampmeier, J. A. (2002). Implementation of a peer — led team learning approach in an undergraduate organic chemistry course. *Journal of Research in Science Teaching* , 39(7), 606—632.

　　Tinning, R. (2002). Toward a "modest pedagogy"：Reflections on the problematics of critical pedagogy. *Quest* , 54(3), 224—240.

　　Topping, K. (2005). Trends in peer learning. *Educational Psychology* , 25(6), 631—645.

　　Whitman, N. , & Fife, J. (1988). *Peer teaching : To teach is to learn twice. ASHE — ERIC Higher Education Report No.* 4 . Washington, DC：ASHE — ERIC Higher Education Reports, The George Washington University.

　　Wilson, G. , & I'Anson, J. (2006). Reframing the practicum：Constructing performative space initial teacher education. *Teaching and Teacher Education* , 22, 353—361.

体育教师教育的批判性研究之旅

艾瑞·卡梅伦 (Erin Cameron)

研究的背景和目标

我是加拿大大学体育课程的初级教师。这个新的身份因我过去的职业运动员的角色而被熟知。我现任体育教师教育计划 (PETE) 的合约讲师。在本文中,我不仅要说明这些角色是相互关联的,而且我还认为,花时间了解它们的相关性有助于了解我发展的批判性教育学 (Critical Pedagogy, CP)。

通过一年的批判性自学记录 (Critical Autoethnographic self-Study, CASS),2010—2011 学年,我在博士生第一年的学习期间担任了 "健康和体育的教学课程" 的任课教师,探索我的视角转换。借鉴国际知名体育学者的反思日记和批判性对话,探讨研究问题:什么告诉我发展批判性的教学法?这对我的教学实践有何影响?本文有三个目标:(1) 解释 CASS 方法的性质和过程;(2) 突出关于我的 CP 改变的关键时刻;(3) 找出我的专业知识教学方式实践从这种探究中受益匪浅的几条途径。

这项研究很重要,有三个原因。首先,就像学生们会不自觉地从他们过去的经验中学习那样,教师教育者也会从他们的主观经验中学习 (Palmer,1998)。因此,理解和分享我们过去、现在和未来的经验,看看它们是如何影响到我们这些研究人员和教师教育者的态度、信念和价值观的,是至关重要的 (Loughran,2006)。其次,越来越多的人认识到成为教师教育者是一个复杂和多方面的过程 (Williams 等,2012)。因此,越来越多的学者表示,自学方法为新的教师教育者提供了一个有

艾瑞·卡梅伦(Erin Cameron)

纽芬兰纪念大学,加拿大

邮箱:ecameron@mun.ca

希望的方法，使他们发展教学法具有意义（Bullock 和 Ritter，2011，第 173 页）。这是特别重要的，因为新的教师教育者通常不会考虑一般意义上的教师教育问题或他们在个人课程之外的工作（Zeichner，2005，第 120 页）。然而，很少有人尝试探索新的体育教师教育者的经验，我希望分享我自己的经验并鼓励其他初级体育教师从事自学，不仅为了体现自我，而且是因为它有潜力揭示教育世界的知识（Clandinin 和 Clandinin，2004，第 597 页）。最后，一些学者呼吁"批判性是思考"或根据社会和学生需求的变化重新审视对全球、社会和文化敏感的需求（Meln'ychuk 等，2011，第 148 页）。从社会正义的教育观念出发的批判教育学，是为了努力改变不平等、不民主、压制的制度和社会关系。这项研究回应了在加拿大及其他地区重新考虑和重新设计 PETE 计划的呼吁。

为什么要自学和关键的自动图谱

Hamilton 和 Pinnegar（1998）将自学定义为对自我、行为、思想以及"不自我"的研究（第 236 页）。自学研究提供了一个探究的框架，使教师能够探索我们认为我们是谁与我们认为我们想要成为谁（Pinnegar 和 Hamilton，2009）这二者之间的差距。Wilcox 等（2004）写道，自学有助于揭露、批判专业实践中不那么明确但重要的方面（第 307 页）。其核心是递归过程、教学哲学和实践被重新审视，重新解释、重构和修复（Tidwell 等，2009，第 x i x 页）。像 Pithouse 等（2009）所写的，自学涉及一些方法，会导致有所退步，阅读我们所在的自我，就好像是置身于更广泛的社会、政治和历史背景下有待批判和解释的课本，构成我们的世界。

自学研究的双重目的是唤起反思实践和转型教育，使其在促进社会正义议程方面具有独特的地位（LaBoskey，2004）。然而，LaBoskey（2004）认为这种连接关系不是自动形成的（第 81 页）。正因为如此，我认为，CASS 特别适合于能把社会正义问题明确地带到前列的自我研究（Pennington，2006）。CASS 不仅能用于提前检查预备教师在实践中的种族认同（Pennington 和 Borko，2012），而且能检查教师教育者在课堂中的复杂身份和历史及其对学生的态度（Pennington 等，2012）。

正如 Kincheloe（2005）写道，"教师和学生获得如此重要的本体意识，了解主流文化观点如何帮助构建政治意见、宗教信仰、性别角色、种族立场和性取向"（第 162 页）。通过使用 CASS，我有意参与到 Lincoln 和 Denzin（2005）提出的"方法源自现实"（第 1116 页），以模糊的流派推动方法论的界限（Hamilton 等，2008）。虽然批判的自述学习和自学都是以自我为中心的方法，融合两者可以知道自我其实是复杂社会结构的一部分。

虽然 CASS 被用于本研究，但该研究的设计与 LaBoskey（2004）确定的自学研究特点是一致的。第一，它是自发的和集中的。我不仅要教学，而且还要在我第一年的教学中进行反思练习，以便更好地支持我的实践。第二，要有所改进。尽管公认为在体育方面需要采取更具评判性的方法，但人们认识到要采取更有效的策略来解决体育教育课堂中的权力和特权（Halas 等，2012）。第三，它是互动的。当我和博士生导师共同教授课程时，我多次见到她与她共同讨论我的教学实践。我也在大多数课后写了反思性的日记条目，我们用这些作为基础进行分析和评议。第四，它包括多个主要定性的方法。我不仅通过反思性的日记进行叙事调查，还通过与世界各地六位著名学者的对话，了解在 PETE 计划中成为体育教学批判者的过程。

通过参与内部反思和外部反思，我能够在更广泛的 PETE 范围内分析我开发的 CP。通过数次连续的数据分析，包括编码、分类和识别概念（Lichtman，2010），出现了很多能突出我开发 CP 的关键主题。此外，与我的合作教员和监督者的持续讨论有助于我进一步确定我对教学实践的思考是怎样变化的。

在以下部分中，我强调如何采用 CASS 方法论以及通过教学实践的过程学到的一些东西。我希望推动 CASS 方法，使其成为一种为他人创造空间、能从事批判性思维的方法（Lyle，2009，第 294 页）。所以在 21 世纪，我们可以一起重新考虑和重新思考 PETE 的教学法和实践。

检查我开发的批判教育学

在 PETE 课程之前的几个月里，我越来越兴奋。不仅是因为给成人授课，也是因为要参与 CP，这是打破体育教育中一些主要的方式和理念的途径。虽然我并不总是批判体育教育，但对这一领域越来越感到不满，这种不满激励我去读博士，并了解了 CP。我在一个对话中描述这是一种"可能性语言"。作为博士课程的一部分，我对体育的历史、身体素质教育和身体素质教育改革进行了大量的文献综述。我发现我实际并不孤单，还有很多人对体育教育改革和 PETE 改革存有争论。呼吁将更多的社会文化观点纳入体育教育。我了解了理性主义和科学革命是如何塑造了思想/身体分离的意识形态，启发了教育者把体育作为军事训练的手段（Phillips 和 Roper，2006）；医学和心理学中关于卫生习惯和身体活动的想法如何启发教育工作者使用体育教育来促进健康（Van、Dalen 和 Bennett，1953）；而且，在加拿大，男性身体健康水平较低，而促进业余体育运动的愿望是如何激发了教育者强调身体素质教育课程中的健身和运动（Morrow 和 Wamsley，2005）。过去五十年来，强调健身和体育运动一直占主导地位，有人认为，出现了一个新的议程，就是学校，特别是体育课程要针对儿童肥胖的问题（Azzarito，2007；Evans 等，2008）。可悲的是，新自由主义的意识形态促进了对身体的监管，并且将那些关于肥胖的讨论处于"危险"之中（Lupton，2013）。作为回应，越来越多的声音呼吁对肥胖话语主导的体育教育要进行批判性反思（Gard 和 Wright，2005；Webb 等，2008）。

以最好的意图

在阅读批判性的体育教育学术文献过程中，我发现我已经找到了一个学术之家。我开始批判所有的实证主义、简化方法，并开始寻找批判教学法。像其他人一样，我开始认为体育教育在很大程度上受到来自特权、白人、精英、西方世界观（Fernández－Balboa，1997）的主要描述的影响，这些观点鼓励或支持科学技术、工业化的不断进步，并指出日常生活越来越多地受到医学统治的影响和监督（Conrad，1992）。我在我的日记中写道，"我觉得我们需要一种全新的语言来谈论生活的概念"（1977 年，1984 年）。我从 Foucault 和 Bourdieu（1990）的工作中得出越来越多的结论，即随着高标准和衡量标准的要求增加，身体正变成惩罚和特权的场所，因此许多青年人正遭受这些不公正（Cameron 等，2014）。我提请注意，需要更多的体育教育者去了解这个主题是或不是让学生从一个体育和社会建设的角度，参与有关身体意义的实践。举例来说，我在日记中写道："我们教青少年说 NO，但是我们不教他们说 YES，我们是在以这种方式教导青少年，让他们不知道要成为什么吗？"虽然这一词条在 Ontario 的性教育课程中受到越来越多的争议，但我觉得这些可以扩展到其他与身体有关的活动上，如饮食和活动。正如我们所看到的青年人很纯熟地进行健康对话，以及讨论可以或者不可以使他们健康的行为，但很少有人真正选择参与这种让青少年更健康的行为（Rail，2009）。关于体育教育要继续致力于为学生提供信息、技能和信心，但很少关注将这些情境置于更广泛的社会背景之下这个问题，我持有疑义。

　　当终于到了开始为 PETE 课程规划时，我的合作导师和我从 Fernández－Balboa（1995）的工作中大量地汲取社区实践改造体育教育的内容。课程有三个目标。我们的第一个目标是将课程与更广泛的社会问题联系起来。我们希望学生将健康和体育看作是比运动技术主题更广泛的目标。因此，课程包括了与健康有关的主题，我们还介绍了各种教学模式（例如运动教育、理解教学游戏和个人以及社会责任教学）。我们的第二个目标是在课堂上挑战传统的权力关系。我们希望创造出空间，鼓励不受束缚的对话，在所有讨论中定位权力和特权，邀请学生像我们一样在课堂上去阐述自己的经验和观点。这样做，我们希望知道我们知识和观点的可能性以及局限性，并挑战教师专家的观念。遵循 Fernández－Balboa（1995）的建议，我们致力于共同制定课程大纲，并与学生一起设计课程内容、主题和作业。所以在课堂的第一天，我们将课程大纲作为粗略的草案提出，并邀请学生对我们用于挑战权力关系进行反馈。我们挑战权力关系的其他策略是：交流圈、促进对话的互动课程和社区建设活动。我们的第三个目标是将个人和政治纳入学习体验中，我们希望学生质疑，特别是关于谁将从这些知识中受益，随着时间的推移，这些知识如何变化、如何被使用以及这些知识有什么样的影响。这样做的原因是我们希望激发一群学生重视差异和多样性，彼此关心，照顾和保护对方以及环境和自身的健康。我们希望通过应用 CP，我们的学生能够"了解、吸收、采取更加整体、综合的认识和生活方式"，更好地做好在多个价值观和传统的社会中进行教学的准备，我敢说，这样才更能够改变世界（Fernández—Balboa，1995，第99页）。

虽然班上大多数人仍不赞同我们的观点，但有几名学生接受并表达了他们对我们的看法。我们让学生共同创建课程大纲的计划没收到什么效果，因为我们没有收到任何反馈意见。我那天的日记本应该是对未来的预警。

> 我目睹了学生的表情，一些人点点头，而另外一些人看上去非常震惊。他们的脸似乎在说："这是什么样的体育？园艺？灵性？死亡教育？书籍俱乐部？日志记录？"我不得不停止，大声笑起来。我不禁要想想未来一年，我们这个评判方法如何才能被接受。

虽然整个课程中有很多时刻提示我们关键方法是如何被接受的，但最令人难忘的是倒数第二天。正如他们谈妥的最终任务的大纲所述，两个学生选择创建一部电影，以更多的替代形式来审视传统的体育教育。虽然我们已经批准了这个大纲，但是最终的产品却不过是这个课程。我还记得看到这个视频时发现其中的问题有多严重。一个接一个地，我们嘲笑社会正义问题，要求他们批判地去反思如种族主义、性别歧视、精英主义和健康主义等问题。在一个场景中，一个穿着肥大西服的学生醒来，走下床，伸进他的裤子，掏出了一个巧克力棒，然后继续吃。我仍然不知道为什么我们没有阻止它，或是怎样忍住因挫折而掉下的泪水。这不仅仅是电影，这也是他们在课堂上受到的六个男性的永恒鼓舞，而留下了持久的影响。

当最后一天上课回顾那部电影时，我仍然记得那个难以置信的瘫坐在那里失去了言语的画面。事实上，无论是我的搭档教授还是我本人在视频结束时都没有说话。没过几天，我就在我的经验日记中进行了反思："我称之为兵变、围攻、一种抵抗的形式。不管它是什么——无论我称之为什么……它令人震惊，令人困惑并深感不安。"几个月来，我重温经历，并体会了一系列的情感，从愤怒到悲伤。大多数情况下我都很无助，特别是知道这些学生会通过考试（尽管在体育课中的得分很低），可以继续成为认证教师。虽然最初我指责学生是绝对地遵守领域的坚定界限、他们的特权背景，以及他们在体育教育中保持男性气质的霸权意图，后来我将关键镜头转向我自己的教学实践。我开始问，我能从他们的抵抗中了解我的实践吗？虽然我仍然忍不住，但还是我的学生站在体育教育现状的肩膀上。诚然，抗拒也是我们在课堂上采取的教学方法和批判性实践的结果。

把负面的转化为积极的

鉴于我们的意图是挑战大师的叙述和体育真理制度，所以起初我觉得这样做是无效的，甚至写道："我们没能教好书"。但是这样吗？虽然学生的反应与我预期或希望的不同，但他们回应的事实意味着他们进行了学习。通过我的日记，很明显，我们已经把学生们与更广泛的问题联系起来了。其实很多人热烈地回应了我们在课程中所包含的其他活动和想法。例如，他们中有很多人觉得在我们探索过的绿色校园、庭院问题和学校食品政策园艺讲座这个主题中是非常有用的。一个学生甚至在课程结束后写信给我们，说那次关于死亡教育的讲座如何使她的教学实践受益，那个讲座就解释了我们在教育方面如何审视死亡与健康的关系。

我现在回顾这个课程时，我意识到我们并没有失败，而是我们对CP的解释和实施失败了（Muros-Ruiz 和 Fernández-Balboa，2005）。我可以看到，尽管努力参与 CP，但我不知不觉地将 CP（Ellsworth，1992）的约束性神话过于理想化了（O'Sullivan 等，1992），也对那些可接受的道德行为的想法过于一成不变（Sicilia-Camacho 和 Fernández-Balboa，2009）。因为，尽管我试图挑战权力，并将自己定位为专家教师，但我在这个阶级保持了一个权威的地位。事实上，我渴望放弃权力但又缺乏经验，这种紧张关系在我的日记中表现得很明显。第一次课后我写道：

> 我们提出了大纲作为草案，征求他们的意见。但是如果他们之后又回过头来憎恨这一切，那怎么办？我们从头开始吗？如果我调整了我认为他们应该学习些什么样的想法和观点，我又会多舒适呢？

虽然我是想创造一个更加社会化、文化性和批判性的 PETE 计划，但我现在意识到，我使用 CP 进行教学是多么的天真、缺乏经验和准备不足。我希望挑战权力关系，但我没有认识到通过应用 CP，我就是制定了我作为教师的权力。如 Muros-Ruiz 和 Fernández-Balboa（2005）所言：

> 方法，无论如何使用，都要反映具体的权力关系。也就是说，以专制的方式使用所谓的解放者手段违背了 CP 的目标，而不是鼓励学生变革，就是迫使他们服从（第 258 页）。

研究表明，教师教育中学生的抵制可能源于对替代的实践缺乏准备，被推得太快，以至于对批判性思考和对教师教育的具体期望（Breunig，2006）有所抵触。虽然有些抵触也正常，因为这说明了学生的代表性（Davis，1992），但强烈的抵制可能会令人沮丧，甚至对一些学生和老师来说是有害的。例如，在我们的课程结束时，有几名学生表示，虽然他们喜欢课程，赞赏我们的做法，但一些学生公开的抗拒，让他们非常不愿意以后继续授课。一名学生认为，几名学生的公开抗拒使她在课堂内外感到不安全和不受欢迎。作为一名新任教师教育者，我感觉到了同样的迷茫和来自抵抗的阻力，经过几个月挣扎，我开始质疑我是否应该继续下去。

幸运的是，随着时间的推移，经过自学，我并没有失去希望，而是获得了发展 CP 的新见解。我开始转向专注于教学生，尝试了解我们、学生和我做出的不同方式的批评。我与体育教育评议学者的对话进一步沉淀了这种思维的转换，他们强调了教学的观念，即教学是有安排、有故事和有关系的。这些主题不仅有助于我进一步推行 CP，还有助于教学实践。虽然这些主题似乎都不出众，但是对于我的实践来说，它们并不寻常。我非常感谢它们教会我的，以及它们为我这个开发教师教育者本身做出的贡献。

教学布置

我开始与几位重要的体育学者进行对话，给他们每一个人都发送了我对实践研究重要历程中遇到的关键时刻、转变以及过渡的书面记录。我希望其他人通过我的叙述受到启发，反思自己的经历，并且找出在他们的专业认同上面临的挑战。一位学者回应说：

> 我不知道这是否令人耳目一新，或是有希望的，因为遇到

一个正在琢磨体育教育者批判性思维水平的研究生；或者说是令人沮丧的，无以言表，这个领域严重缺乏批判性观点，研究回避了任何接近社会正义的东西都可能被用作鉴别这个领域的特征。

另一个建议说："关键的时刻、转换和过渡的想法是思考我们所采用途径的一种独特方式。"后来他继续写道：

> 回顾我职业生涯中的课程，我所做的决策很少是在这样一个"理性"的决策基础过程之上。我的问题是：有多少是我们自己定位的，又在多大程度上是被其他人、事件和传记定位的？

通过我的对话出现的主题是自我论述的产生。其他人认为，通过多次相遇，他们阅读的书籍、文章，花时间陪伴和遇见的人，所看过的电视、媒体，他们不断树立新的主观立场。正如 Davies 和 Harre（1990）所写："一个人成为谁将永远是答案不一的未解问题，取决于在自己以及其他人的讨论实践中可能提供的立场。"（第 46 页）这与角色理论有所不同，人可以被看作是不同的角色。所以，我当初开始这项研究的目的，是想了解我的各种角色如何让我明白了我的重要历程（即运动员、学生、教师），后来我发现我真正想要了解的，就是在西方文化中"担任运动员学生的教师"的经历告诉我的重要历程。这种清晰的划分不仅体现了我新的专业身份与身处时刻和地点的本质联系，还体现了教学的情境特征。在运动和教育中的社会常规影响着我教师教育者的身份。这个区别很重要，因为它可以让我们认识到我们在立场上的自由和约束。一个学者写道：

> 我认为你的问题，其中一部分是我们处理/干涉/剥夺等责任的答案，而意识到我们的责任以及多重身份的局限性，这个意识形态是有害的。对我来说是最重要第一步，但也是经常反复的一步，就是认识到我们如何去实践批判性教育学。在年龄相当、有特定领域经验的基础水平上（例如，体育和运动的批判性学术），很大程度决定了我们可能经历/生活/实践的、与他人有关的定位，以及我们可能受到的影响。

通过理解教学来做布置，把一些东西放在一个特定的时间、地点，使我能够了解自己在何处，以及将来可能走向哪里。例如，我已经开始认识到，尽管我努力把自己颠覆性的体育教育的思想定位于"身体"中，但我的身体具有完全支配力（Fernández-Balboa 和 Muros-Ruiz，2006），并在这一主题中重现了它的支配意识形态。关于体育教育由谁来教，我代表了与学生社会化期望相匹配的表型线索（Douglas 和 Halas，2013）。换句话说，学生来上学，不仅对即将学到什么、如何学习怀有憧憬，而且还会期待谁来当老师。这个日益增长的意识被记录在我的日记中：

> 当演讲嘉宾讲述他们的故事时，我发现自己在环顾房间四周。在这堂课上，我渐渐明白，我比想象中愿意承认的更像我的学生。此外，我就代表了那件我一直努力尝试去制造麻烦、批评和扰乱的事物。我是白人、中产阶级、体格健壮、热爱运动、擅长学校的所有体育教育和运动。我是一个拥有社会货币和资本的运动员，在很大程度上亦是如此。

正是这种领悟让我认识到，那就是我上课时的学生模样，我也会有抵触情绪。作为一个整齐苗条、肌肉紧实、皮肤紧致、肌肉凹凸有致的（Bordo，2003，第 32 页）运动员，我轻易地能"符合"和"适应"健康和体育的主流体育文化。在大学时，我学了提高身体素质的运动学课程，其中就是讲授身体部位的名称和运动原理，其实就是强化客体化、人类学、反知识、性别歧视者、同性恋和男运动员竞争文化的课程（Hunter，2011；Kirk 等，1997）。这保全了学生的表现和系统量化参与方式，教师和学生的着装与身体规范的均一性，性别优异性的获取与合理性，以及身体特权高于一切。适应这种文化的能力不但给了我一种安全感，而且增强了我的主观意识，给了我行动和选择的支持。正如 Bourdieu 和 Wacquant（1989）写的："当惯态遇见社会世界时，会发现惯态就像水中的一条鱼，它感觉不到水的重量，并认为世界本应如此。"还有，正如 Gramsci（1971）指出的，惯态是种被一种文化所规范的并接受的安排，会助长不公平和压迫。

由于这个自学研究，我越来越意识到关系结构以及被他人定位是怎样的一个推论过程。如果不考虑 PETE 和教师教育中更广泛的社会常规的背景，只去制造麻烦、扰乱常规、批判实践观点、使熟悉的东西变得陌生（Hunter，2011，第 198 页）还远远不够。Hunter（2011）写道：

> 如没有按体现和布置的那样参与教学和学习，我们可能会使新老师或新的教师教育者产生权力剥夺、对机构的期望扭曲和失望的感觉，或者说他们唯一的选择就是有意或无意地还原到他们想要改变的批判结构当中去（第 198 页）。

故事的教学

与关系结构密切相关，故事教学包括我们利用故事来理解我们自己以及他人的生活。也就是说，我们给自己讲述的故事以及我们赋予的含义有助于我们形成自己的主观意识。我感激与我对话的学者们对我故事的回应，以及他们分享的观察结果。一位学者写道：

> 我正在读一个故事，一方面是关于幻灭或失望，以及自我干扰或不安的感觉。但另一方面，作为一个对立点，我也在阅读关于开放自我、面对超越"舒适区"的那些重要事情的认识过程。

虽然我感觉自己很弱于分享我的故事，但也让我从不同人的视野观察到了事物，并且从故事体验中感知到了冥想的远离感。通过这些新发现和不同的视野，我能够看到我作为一名新任教师教育者的故事，它们与我在体育运动中的体验有着深刻的联系，而体育运动代表了失败的承诺以及改变的机会。

将我的生活（和变动）经验变成故事

我在加拿大草原上一个小农场里长大，在那儿我总在运动。通过这些运动，我了解了自己以及周围的世界。我在各种运动中迅速成长。当我满 6 岁要去上学的时候，我很困惑为什么我们必须要坐下来学习，为什么真正的学习只能在室内进行？这在很大程度上与我在农场生活六年中的学习方式是相悖的。结果，长时间地坐着令我很烦恼，并且经常不认真上课。Halas 和 Kentel（2008）认为，我们很少会考虑到，当我们把年轻人从身体所渴望的运动中叫回来，特别是在学校时，这对年轻人来说是件多么痛苦的事（第 214 页）。这样的教育实践不仅对一些孩子来说是反直觉的，并且这样的教育实践强化了西方的意识形态，就是使人们的思想优于身体，并减少身体欲望，使之像机器般受到控制和管理。

随着时间的推移，我学会了如何坐、听、服从。Foucault（1984）认为，这种"生物动力"一个人和主流的观念通过与身体相关的实践来控制，是一种侵略性和无处不在的统治形式，用来规范人们之间的差异和不同。换句话说，所谓学校就是演讲和权力政体标榜自己的地方，是学生学习如何思考，以及如何让自己的身体去经历体验（McLaren，1991）的地方。虽然学校让我感到受限制和受控制，但运动成为一个我可以发展自我感觉而不被社会常规狭隘地界定住的地方。然而，随着时间的推移，一切都开始改变，我越来越多地参与制度化的运动并受到其影响。我到了这样一种程度，"我所做的一切都是运动，而我的所有都是运动"。当人们声称体育运动为积极、重要的生活技能提供发展机会时，我却会回顾过去这些对于统治资本主义、精英主义和性别歧视主流意识形态的认知约束。像其他的运动领袖、记者和社会学家一样，我意识到在越来越具有社会意识的世界中，体育运动还不能证明其道德和社会责任能力（Kidd，1996）。

作为回应，我开始质疑自己曾遵循的运动惯例。Bourdieu（1991），解释说，共谋关系是权力产生的首要条件。于我而言，它采取的形式是给予运动无条件的支持和权力。然而，当我质疑时，我开始收回自己给自己的这个权力。事实上，是我的硕士研究开启了我的这项探究。由于受到越来越多的运动员寻求创造积极的社会改变的启发，我考察了自己所谓的运动员的社会责任（Athlete Social Responsibility，ASR）（Carter，2009）及其对加拿大运动体制潜在的积极影响。虽然只有少数运动员利用体育运动解决诸如平等、正义和自由等社会问题，但这种类型的公民参与往往是不被鼓励的（Wolff 和 Kaufman，2010）。由于受到运动员们故事体验的激励，我的研究显示，ASR 为加拿大运动提供了一个逃离牢笼的机会：就是只能观看，不要成为其中的一部分。尽管我所认为的体育制度的失败在我关于体育运动的叙事和故事体验中是显而易见的，但体育运动有很多积极的事情也同样具有强烈的意义："我相信运动的力量。我相信我们是真实存在的实体，体育运动在全世界有掌握我们的身体作用。但是我们需要改变目前的运动系统。"

我自学的结果就是，对我们的所有故事历程我越来越有意识。我访谈的每个学者都有一个独特的故事来讲述他们是如何评判性地认识体育的。无论经历过程如何，大家都谈到了反思是理解他们的历程的关键部分。正如一位学者写道：

> 我不会说自己当时一下子就理解了自己的情况，但保持对生命、宇宙的努力尝试是非常重要的。当然，随着事态的变化，批判的可持续性要求我们去找出产生不适的根源，这可能与我们最初的动力来源不同。

最重要的是，我已经意识到了解自己的故事有多重要。我们需要更多地了解自己和自身的故事。Mahatma Gandhi 曾经说过，"你要成为促进世界变化的那个人"，这个观点被一位学者很好地理解了：

> 也许，不仅仅是渴望改变体育教师，更重要的是将你的努力放在自己的身上。当你感觉在这方面有所认识的时候，你周围也会发生改变，就像你把一个卵石投进池塘里：涟漪效应自然会产生，但并不是卵石试图让它产生的。

关联教学

这种自学帮助我看到了人性的相互联系。正如一位学者所写，"我明白你的挣扎，因为它与我的没什么两样"。我们的人性中存在着亲属关系。无论本体论、理论延伸、认识论和范式的如何不同，我现在能够看到学生和教师之间的相互联系。我觉得自己未能承认我的成长过程并与学生在课上分享那段经历可能就是我最初采用 CP 方法失败的原因。但正是由于这种自学，我开始承认，在我正在成为一名重要教师的过程中，我过去的行为就像我批评学生那样，一直对别人是具有压迫性的。

诚然，在课程开始的时候，我认为淡化我曾经的职业运动员身份是非常重要的，否则我认为这将会强化某些我正在努力破坏的主流意识形态。我甚至在一定程度上否认我的过去：当我的学生从谷歌中搜出我的情况，带到课堂上的时候，我耸了耸肩表示很不屑，因为我觉得那些背景对 CP 没什么帮助。我了解这个姿态对我的学生有多重要，他们需要把我作为教练的运动能力与指导身份联系起来。我的个人历史不仅使他们感到安全，而且使他们觉得可以信任我，这是任何批判方法的两个非常重要的方面！如果不是最初着重于发展信任感并在教室内创造一个社区，学生们不会认为批判性的讨论和新想法是安全的，更糟糕的是，有可能会被公开抵制。

我现在认识到，在我第一年的教学中，我很少花时间了解学生的知识、态度和价值观；相反，我把 CP 定位在许多学生都知道和喜欢的传统体育教育方法的对立面上。这本身就是超出了学生和他们生活经验的力量的行动，也是我作为教师的特权行为。虽然我的初衷是好的，我的方法培养了一个允许冲突和抵抗发生的环境。最初我轻视了这种抵抗，但是由于这种自我学习，我正尝试把这种抵抗作为一个具有教导意义的时刻。因此，我现在将分享我第一堂课的经验和学习，以此说明，教学不但是一个成长过程，而且教学是有地点、故事和关系的。这时 CP 自然会发生。教学方法不是使学习变得丰富，而是一个创造批判可能的环境。这个想法被其中一位学者所理解，他写道：

> 把你自己看作是一个服务于 GREAT FLUTIST 的长笛。你知道，长笛既不是吹笛人也不是音乐，那个吹笛者会吹响你，美妙的音乐也将会通过你呈现。自我也会让你相信你是美妙音乐的创造者，你（自我检查）必须更好地了解，当其他人听到（不是你的）音乐，就会认识到它的力量，而你（那个自我）可能会陷入说服他人音乐的正确性、捍卫自己的诱惑中。要克制这两种情况，保持意识清醒，要感激吹笛者的音乐，保持平静，可以一次又一次地吹奏。没有必要贴上标签，也没有必要说服或者捍卫什么。长笛就是长笛，只要它能明白并平静地享受，同时细心观察别人（并不是每个人都能）听到音乐时得到的欢乐就够了。

新兴的"宽容"教学法

我在成为一名初级教师教育者的第一年就认为是该做些改变了。虽然我仍然认为这些改变是需要的，但我现在"更加充分地认识到我向这些预备教师学习并和他们一起展开教学的意义所在"（Grierson，2010，第11页）。我觉得我作为一名教师教育者的最大缺点就是只专注于一门课程的教学，而不是创建一个学习社区，我太专注于改革课程的内容和干扰主流话语及意识形态，但没有花费什么时间帮助预备教师发展反思能力。通过这种自学，我认识到我所遇到的学生抵制，更多地反映了我对预备教师所需要的知识理解不足以及促进反思实践的复杂性。

虽然承认CP没有错，但我执行CP有误，而且理解了"抵制二进制和考虑复杂性的教学及学习方法"的重要性（Bowes和Bruce，2011，第29页）。在与许多关键的体育教育学者的讨论中，很明显，尽管许多重要的体育教育学者继续挑战体育教育中的主流话语和意识形态，但许多人从积极主义的方法转向更为宽容温和的方法，承认了解世界和存在于世界之中的方法不同。Tining（2002）认为这个想法很好，他呼吁使用更加宽容的教学法，去结合、交织分析声音的批评和真相、愤怒的声音、生活故事和不同文化的个人声音。因此，他强调在教育学方法中注重多样性、相关性及内容的重要性，同时努力推动一个更加公正的社会发展。

社会正义教育学可以说存在于一个合适的教育学框架内，因为它侧重于过程和目标（Bell和Griffin，1997）。换句话说，在高度多样化的世界中，承认建立关系和背景的过程。Kumashiro（2004）写道，在社会正义教育学中，没有"最好的"方法，但是有转向内心探索的承诺，使观点和做法有可能变革，并向外发展探讨尚未解决的观点和做法。

通过这种自学，我认为在发展我的学习中收集到了更多的工具，帮助预备教师对社会和文化方面做出反应。虽然很难看到我开发中的教育学的所有方面，但这项研究为这个过程提供了一个突破点。在与体育教育批判学者的对话中我得到了一些希望，其中很多人在批判历程中还在继续，他们认为努力了解发展中的教育学对于保持生活和学术工作的一些看法非常重要。

结论

通过这个批判性自学，我想努力说明：花时间去深刻地认识多重自我是值得的。它是以我们通过生活经验来构建故事的概念为基点的，即这些"故事"中的自我是值得解构的，因为至今"笛卡尔的自由理性主义和教育知识生产的主流形式的简单性没有满足我们的需求"（Kincheloe 和 Tobin，2006，第 6 页）。对自学研究的批判方法不仅强调了成长的过程，而且"非常适合解决人类在教与学经验中的微妙和复杂性"（Webster 和 Mertova，2007，第 1 页）。这种方法不仅能使我探索作为一个学者复杂的探究历程，也帮助我更好地了解我开发的教学法与实践。我希望通过我的经验分享，为学生和教师开辟一个研究自身经验的空间。

参考文献

Azzarito, L. (2007). "Shape up America!": Understanding fatness as a curriculum project. *Journal of the American Association for the Advancement of Curriculum Studies*, 3,1—25.

Bell, L. , & Griffin, P. (1997). Designing social justice education courses. In M. Adams, L. Bell, & P. Griffin (Eds.), *Teaching for diversity and social justice* (pp. 44—58). New York: Routledge.

Bordo, S. (2003) *Unbearable weight: Feminism, Western culture, and the body* (10th anniversary Ed.). Berkeley: University of California Press.

Bourdieu, P. (1990). *The logic of practice* . Cambridge: Polity Press.

Bourdieu, P. (1991). *Language and symbolic power* . Cambridge, MA: Polity Press.

Bourdieu, P. , & Wacquant, L. (1989). Towards a reflexive sociology: A workshop with Pierre Bourdieu. *Sociological Theory*, 7 (1),26—63.

Bowes, M. , & Bruce, J. (2011). Curriculum liquefaction(shifting sands) in senior school physical education in New Zealand: Critical pedagogical approaches and dilemmas. *Asia — Pacific Journal of*

Health，Sport and Physical education，2(3—4)，17—33.

Breunig，M. (2006). *Critical pedagogy as praxis* (Doctoral dissertation). Retrieved from ProQuest Dissertations and Theses. (ISBN 9780494311783).

Bullock，S.，& Ritter，J. (2011). Exploring the transition into academia through collaborative selfstudy. *Studying Teacher Education*，72，171—181.

Cameron，E.，Oakley，J.，Walton，G.，Russell，C.，Chambers，L.，& Socha，T. (2014). Moving beyond the injustices of the schooled healthy body. In I. Bogotch and C. Shields(Eds.)，*The international handbook of social justice and educational leadership* (pp. 687 — 704). New York，NY：Springer Publishing.

Carter，E. (2009). *Athlete social responsibility*(ASR)：*A grounded theory inquiry into the social consciousness of elite athletes* . ProQuest Dissertations & Theses，ISBN 9780494558690.

Clandinin，D.，& Connelly，F. (2004). Knowledge，narrative and self—study. In J. Loughran，M. Hamilton，V. LaBoskey，& T. Russell (Eds.)，*International handbook of self—study of teaching and teacher education practices* (pp. 575—600). Dordrecht：Kluwer.

Conrad，P. (1992). Medicalization and social control. *Annual Review of Sociology*，18，209—232.

Davies，B.，& Harre，R. (1990). Positioning：The discursive production of selves. *Journal for the Theory of Social Behavior*，20(1)，43—63.

Davis，N. (1992). Teaching about inequality：Student resistance，paralysis，and rage. *Teaching Sociology*，20(3)，232—238.

Douglas，D.，& Halas，J. (2013). The wages of whiteness：Confronting the nature of ivory tower racism and the implications for physical education. *Sport，Education and Society*，18(4)，453—474.

Ellsworth，E. (1992). Why doesn't this feel empowering? Working through the repressive myths of critical pedagogy. In C. Luke & J. Gore

(Eds.),*Feminisms and critical pedagogy* (pp. 90—119). New York: Routledge.

Evans,J.,Rich,E.,Davies,B.,& Allwood,R. (2008). *Education, disordered eating and obesity discourse: Fat fabrications* . London: Routledge.

Fernández — Balboa, J. (1995). Reclaiming physical education in higher education through critical pedagogy. *Quest*,47,91—114.

Fernández—Balboa,J. (1997). *Postmodernism in human movement, physical education and sport* . Albany: State University of New York Press.

Fernández—Balboa,J.,& Muros—Ruiz,B. (2006). The hegemonic triumvirate — ideologies,discourses,and habitus in sport and physical education: Implications and suggestions. *Quest*,58,197—221.

Fitzpatrick,K. (2010). *Stop playing up*! *A critical ethnography of health, physical education and (sub) urban schooling* , The University of Waikato Dissertation. Retrieved from http://waikato.researchgateway. ac. nz.

Foucault, M. (1977). *Discipline and punish: The birth of the prison* . London: Allen Lane.

Foucault,M. (1984). Space,knowledge and power. In N. P. Rabinow (Ed.),*The Foucault reader*(pp. 239—256). New York: Pantheon.

Gard,M.,& Wright,J. (2005). *The obesity epidemic* . London: Routledge.

Gramsci,A. (1971). *Selections from the prison notebooks*. (Q. Hoare,Ed. and Trans.). New York: International Publishers.

Grierson, A. (2010). Changing conceptions of effective teacher education: The journey of a novice teacher educator. *Studying Teacher Education*, 6(1),3—15.

Halas,J. (2011). Aboriginal youth ad their experiences in physical education:"This is what you've taught me."*PHENEX Journal*, 3(2), 1—23.

Halas, J. , & Kentel, J. (2008). Giving the body its due: Autobiographical reflections and utopian imaginings. In G. Fenstermacher, R. Colvin, J. Wiens, & D. Coulter (Eds.), *Why do we educate in a democratic society?* (pp. 208 − 223). Malden: National Society for the Study of Education and Blackwell Press.

Halas, J. , Cameron, E. , & Chhin, S. (2012). *Putting critical in pedagogies: Tangible ways of addressing physical education's exclusionary culture* . Paper presentation at the National Physical and Health Education Conference, Halifax.

Hamilton, M. , & Pinnegar, S. (1998). Conclusion: The value and the promise of self − study. In M. Hamilton, S. Pinnegar, T. Russell, J. Loughran, & V. LaBoskey (Eds.), *Reconceptualizing teacher practice: Self − study in teacher education* (pp. 235 − 246). London: Falmer.

Hamilton, M. L. , Smith, L. , & Worthington, K. (2008). Fitting the methodology with the research: An exploration of narrative, self − study and autoethnography. *Studying Teacher Education* , 4(1), 17 − 28.

Hunter, L. (2011). Re − embodying (preservice middle years) teachers? An attempt to reposition the body and its presence in teaching and learning. *Teaching and Teacher Education* , 27, 187 − 200.

Kidd, B. (1996). *The struggle for Canadian sport* . Toronto: University of Toronto Press.

Kincheloe, J. (2005). Critical ontology and auto − biography: Being a teacher, developing a reflective teacher persona. In W. Roth (Ed.), *Auto/ biography and auto/ethnography: Praxis of research method* (pp. 155 − 174). Rotterdam: Sense Publishers.

Kincheloe, J. , & Tobin, K. (2006). Doing educational research in a complex world. In K. Tobin & J. Kincheloe (Eds.), *Doing educational research: A handbook* (pp. 3 − 13). Rotterdam: Sense Publishers.

Kirk, D. (2010). *Physical education futures* . London: Routledge.

Kirk, D. , Macdonald, D. , & Tinning, R. (1997). The social construction of pedagogic discourse in physical education teacher education in Australia. *The Curriculum Journal*,8(2),271—298.

    Kumashiro, K. (2004). *Against common sense: Teaching and learning toward social justice*. New York: Routledge.

    LaBoskey, V. (2004). The methodology of self — study and its theoretical underpinnings. In J. Loughran, M. L. Hamilton, V. K. LaBoskey, & T. Russell(Eds.), *International handbook of self—study of teaching practices* (pp. 817 — 869). Dordrecht: Kluwer Academic Publishers.

    Lichtman,M. (2010). *Qualitative research in education: A user's guide*. Thousand Oaks: Sage.

    Lincoln, Y. , & Denzin, N. (2005). Epilogue: The eighth and ninth moments: Qualitative research in/and the fractured future. In N. Denzin & Y. Lincoln(Eds.), *Handbook of qualitative research* (3rd ed. , pp. 1115—1126). Thousand Oaks: Sage.

    Loughran, J. J. (2006). *Developing a pedagogy of teacher education: Understanding teaching and learning about teaching*. London: Routledge.

    Lupton,D. (2013). *Risk*. London: Taylor and Francis.

    Lyle, E. (2009). A process of becoming: In favor of a reflexive narrative approach. *The Qualitative Report*,14(2),293—298.

    Macdonald, D. , & Brooker, R. R. (2000). Articulating a critical pedagogy in physical education teacher education. *Journal of Sport Pedagogy*,5(1),51—63.

    McLaren,P. (1991). Essay review of 'literacy: Reading the word and the world' by Freire and Macedo 1987. In M. Minami & B. Kennedy (Eds.), *Language issues in literacy and bilingual/ multicultural education*. Cambridge, MA: Harvard Educational Review.

    Melnychuk,N. ,Robinson,D. ,Lu,C. ,Chorney,D. , & Randall, L. (2011). Physical education teacher education (PETE) in Canada. *Canadian Journal of Education*, 34(2),148—168.

    Morrow,D. , & Wamsley,K. (2005). *Sport in Canada: A history*.

Don Mills:Oxford University Press.

Muros—Ruiz, B. , & Fernandez — Balboa, J. M. (2005). Physical education teacher educators' personal perspectives regarding their practice of critical pedagogy. *Journal of Teaching in Physical Education*,24,243—264.

O'Sullivan, M. , Siedentop, D. , & Locke, L. (1992). Toward collegiality:Competing view — points among teacher educators. *Quest*,44,266—280.

Palmer,P. (1998). The courage to teach . San Francisco:Jossey—Bass. Pennington,J. (2006). The mission of disposition:A white teacher educator's press for race consciousness. *The International Journal of Learning* ,12(4),299—308.

Pennington, J. , & Brock, C. (2012). Constructing critical autoethnographic self — studies with white educators. *International Journal of Qualitative Studies in Education* ,25(2),225—250.

Pennington, J. L. , Brock, C. H. , Abernathy, T. , Bingham, A. , Major, E. , Ndura, E. , & Wiest, L. R. (2012). Teacher educators' dispositions:Footnoting the present with stories for our pasts. *Studying Teacher Education* , 8(1),69—85.

Phillips,M. , & Roper,A. (2006). History of physical education. In D. Kirk,D. Macdonald, & M. O'Sullivan(Eds.), *Handbook of physical education*(pp. 123—140). Thousand Oaks:Sage.

Pinnegar,S. , & Hamilton,M. (2009). *Self—study of practice as a genre of qualitative research : Theory, methodology, and practice* . Dordrecht:Springer.

Pithouse, K. , Mitchell, C. , & Weber, S. (2009). Self — study in teaching and teacher development:A call to action. *Educational Action Research* ,17(1),42—62.

Rail,G. (2009). Canadian youths' discursive constructions of health in the context of obesity discourse. In J. Wright & V. Harwood(Eds.), *Biopolitics and the "obesity epidemic":Governing bodies* (pp. 141e—

156e). New York: Routledge.

Sicilia—Camacho, A. , & Fernandez—Balboa, J. (2009). Reflecting on the moral bases of critical pedagogy in PETE: Toward a Foucaultian perspective on ethics and the care of the self. *Sport, Education and Society*, 14(4), 443—463.

Tidwell, D. , Heston, M. , & Fitzgerald, L. (2009). Introduction. In L. Fitzgerald, M. Heston, & D. Tidwell (Eds.), *Research methods for the self—study of practice* (pp. xiii—xxi). Dordrecht: Springer.

Tinning, R. (2002). Toward a "modest pedagogy" Reflections on the problematics of critical pedagogy. *Quest*, 54, 224—240.

Van Dalen, D. , & Bennett, B. (1953). *A world history of physical education: Cultural, philosophical, comparative* . Englewood Cliffs: Prentice—Hall.

Webb, L. , Quennerstedt, M. , & Ohman, M. (2008). Healthy bodies: Construction of the body and health in physical education. *Sport, Education and Society*, 13(4), 353—372.

Webster, L. , & Mertova, P. (2007). *Using narrative inquiry as a research method* . London: Routledge.

Wilcox, S. , Watson, J. , & Paterson, M. (2004). Self — study in professional practice. In J. Loughran, M. Hamilton, V. K. LaBoskey, & T. Russell (Eds.), *International handbook of self—study of teaching and teacher education practices* (pp. 273—312). Dordrecht: Kluwer.

Williams, J. , Ritter, J. , & Bullock, S. (2012). Understanding the complexity of becoming a teacher educator: Experience, belonging, and practice within a professional learning community. *Studying Teacher Education*, 8(3), 245—260.

Wolff, E. , & Kaufman, P. (2010). Playing and protesting: Making a case for sport as a vehicle for social change. *Journal of Sport and Social Issues*, 34(2), 154—175.

Zeichner, K. (2005). Becoming a teacher educator: A personal perspective. *Teaching and Teacher Education*, 21(2), 143—156.

扩大 SSTEP 体育教师教育：可能性和注意事项

迈克尔·W·梅茨勒（Michael W．Metzler）

介　绍

虽然教师教育研究历史悠久、令人印象深刻，但教师教育实践自学研究却仍处于发展的初期阶段。如果建立一个专门的、参考性的学术期刊能够视为一个领域出现的关键指标，那么 SSTEP 在 9 年前刚达到这点，SSTEP 首先出版了 *Studying Teacher Education：A journal of self—study of teacher education practices*。SSTEP 的调查在那之前已经进了（Loughran，2005），但 SSTEP 的研究并不是本研究的主要内容。其他指标也出现了，例如美国教育研究协会成立的 SSTEP 特别兴趣小组（Special Interest Group，SIG）及其"城堡会议"，这些进展得也很好都是近期发生的。

在"教师教育学习"这一首创问题上，Loughran 指出："自学建立在诸如反思实践、行动研究和从业者研究基础上，自学来自并受到一系列事件的影响。"（Loughran，2005，第 5 页）到目前为止，这些调查方式在学习教师教育方面占主导地位，同时代表了 SSTEP 这个领域。它们可以被描述，但并不刻板，因为大多数的描述来自教师教育个人，他们的一些学生和他们的计划规模小、实践时间短、属于定性研究，具有局限性。Zeichner（2007）通过在更大的研究计划中对少数 SSTEP 研究进行评论，与其他教师教育研究相关联，从而增加了这一表征。这些研究对 SSTEP 的新兴领域有着良好的应用，未来有望继续进行整体的

迈克尔·W·梅茨勒(Michael W. Metzler)

佐治亚州立大学,美国

邮箱:mmetzler@gsu．edu

探究。然而，这里出现了一个问题：SSTEP 的调查是否可以扩大？是否可以包含涉及多个调查员和整个学生群体、广泛的程序组件、纵向和混合方法设计的研究？如果意识到这一点，是否会改变 SSTEP 调查的基础，就像现在我们已知的那样，还是提供更多的方式来了解教师教育的实践？但应该明确的是，扩大 SSTEP 并不意味着放弃现有的方法论传统。有人提出可以作为一种手段来达成教师教育的理解，我认为在 SSTEP 目前的范围和调查方式上是无法完成的。本文将介绍佐治亚州立大学（GSU）PETE 课程的纵向自学。该项目将用来强调设计和开展大规模 SSTEP 的可能性和一些必要的预防措施。

在 SSTEP 中定义"自我"和"实践"

教师教育实践的主要参与者是教师和学生，在某些情况下或某个特定的时间，P—12 教师的参与也是主要的。很大程度上由于 SSTEP 的主要调查传统（即反思实践、行动研究和从业者研究），可以认为 SSTEP 中的"自我"通常是一个试图探索和沟通的教师教育者个体，他正试图探索并把他/她自己作为教师教育者的个人经验和/或意义传达给受众（Loughran，2010；Zeichner，2007）。

在下面描述的 GSU 的 SSTEP 项目中，我们从集体角度定义"自我"，包括所有重大、正常的教学以及具有监督职责的教师、研究生以及来自其他大学的 PETE 合作者。方法类似于 Hamilton（2002）及 Loughran（2010）所描述的"制度的自我"概念。显然，我们自己已经从 SSTEP 的工作中分别学到了，但我们首先重视和追求的是协同努力和集体学习。从这一投入来看，我们将 SSTEP 机制的数据作为频繁扩展的小组讨论的来源，这些数据告诉我们，我们作为一个小组应该如何应用这些知识来改善我们的计划。

同样，我们扩大了 SSTEP 中"实践"的功能定义，不仅包括我们所做的设计、实施和管理课程的描述，还包括我们努力研究这些实践对项目本身的影响。从一开始，学习计划效能和决策方面就一直是 SSTEP 理念和项目设计的一个组成部分（Metzler 和 Tjeerdsma，1998，2000）。

GSU PETE 评估项目

GSU 体育教师教育评估项目（Physical Education Teacher Education Assessment Project，PETEAP）始于 1994－1995 学年，从那时起就一直在进行。最初，PETEAP 的目的是比较 1994 年以前与 1995 年以后课程中学生的情况。以此了解更多教师的知识内容、教学的知识内容以及教师的性情倾向。由于缺乏足够的 1994 年以前学生数据与之后的数据进行比较，导致这一目的无法实现。于是，我们重新确定了该项目的目的，检查该计划在预备教师取得主要成果方面的成效。根据教师的一致意见，这些成果被确定为国家体育与体育协会（National Association for Sport and Physical Education，NASPE）的"体育教育初级标准"（NASPE，1995）。除了学习课程效果外，我们在课程中还设计了追求这些标准的教师教育实践机制。

Galluzo 和 Craig（1990）认为，方案评估研究（和 SSTEP）可以有些提升，要更清楚地了解为什么首先进行评估的是教师教育部门。一旦这些主要目的逐渐清楚，教师们就可以更好地确定评估计划。Galluzo 和 Craig（1990）提出了教师教育计划研究和评估的四个主要目的：（1）责任——满足外部认证审查标准；（2）改进——收集和使用数据，进行程序修订/改进决策；（3）了解——了解预备教师在课程中的经验；（4）知识——增加现有的教师教育知识体系。

虽然这四个目的都可以推动项目的评估和研究，但 Galluzo 和 Craig（1990）主张"总体目标"应该是"关于项目背景、投入、过程和产品"（第 606 页）。很明显，这是把改善的目的放在首要位置。PETEAP 开始时我们赞同这点，并在整个项目的实施过程中保留了这一优先地位（Metzler 和 Tjeerdsma，1998）。改进是从多种数据来源确定的，如面试和调查方案的完成者、对合作教师的访谈和调查、文件分析、教学实践的直接观察、教学效果的措施，等等。

在 PETEAP 的早期阶段，我们设计了数据收集方法和协议，以进行 SSTEP 分析，解决与新任体育教师初始标准的相关问题（NASPE，1995），以及基于程序特定知识内容和教学知识内容的其他问题（如 MBI）。我们的数据收集工作迅速发展，包括大量数据源（学生、教师、

P−12 学生)、方法（调查、访谈、直接观察等）和行政事项（预先入学、重点课程、学前教学、学生教学和学生课后学习）。该计划总结在表 1 所示的 PETEAP 数据收集矩阵中。

表 1　GSU PETEAP 数据收集矩阵

项目	按人次	"基准"课程[b]	启动 PCK 序列[c]	结束 PCK 序列	在学生教学中	结束学生教学/课程[d]
教师效能表	X		X	X	X	X
生物数据和采访	X					
教师/教练手令	X		X		X	
偏好[a]等级						
任务、项目、考试		X	X	X	X	X
分析教学规划、技能和评估			X	X	X	X
基于模型的教学分析				X	X	X
学生对课程的评估			X			
P−12 学生对教学					X	
效果的看法程序一致性		X	X	X	X	X

[a] 表达了教学偏好、教导责任和年级教学

[b] 运动和技能内容课程

[c] 发展教学内容知识的学前教学实习课程

[d] 学生教学的结束和程序的完成同时发生

到 2006 年，我们制订了一个完善的计划，每年都会产生大量的数据和文献，用于回答关于我们计划的许多问题。也就在那时，美国的所有教师教育计划开始负责更多地向外部机构提供报告数据。这些机构的名单包括：几个校园的行政单位、国家教师许可证委员会、NASPE、计划认证机构、州立法机构等。乍一看，大多数机构似乎需要一些与我们正在生产和应用于 SSTEP 机构的相似数据。但是，这些机构对数据报告的要求也越来越多，这些额外的要求给 SSTEP 的时间和人力资源造成很大的负担。所以，2006 年变成了一个分水岭，我们开始转向运用 SSTEP 的方法，包括原来设计的 SSTEP 和外部因素的考量。这一转变的详细内容将在本文之后讨论。

PETEAP 还体现了 SSTEP 的纵向方法。自 1994 年以来，我们已

经收集、存储和分析了几乎所有进入该计划的 350 名学生的数据和文献。此外，我们已经确定了 18 名学生共同完成该计划。在 PETEAP 这个术语中形成了一个完整的小组来启动该程序，预计三年后完成。通过这种设计，我们可以长时间研究，比较在课程中进行着某些重大改变以及未进行某些重大改变的学生在完成课程后的差异。PETEAP 设计的扩展范围能够使我们对职前 PETE 课程及其毕业生进行纵向的、大规模的研究（Metzler 和 Tjeerdsma，2000）。由于我们大多数毕业生都留在亚特兰大大都会地区教学，我们还能研究这些学生在专业进修年份之外使用 MBI 的成功与挑战的经历（Gurvitch 和 Blankenship，2008，Gurvitch 等，2008）。

作为我们早期 SSTEP 努力的一部分，我们做出了另一个重要的投入，使用能够产生"研究质量"数据的仪器和协议，可以与"评估质量"数据区分开来（Metzler 和 Tjeerdsma，1998，2000）。前者意味着我们将尽可能地寻求和使用数据收集和分析方法，以满足参考的研究文献中可以接受的标准。后者是我们对一些机构的各类数据与报告进行收集。我们发现，通过尽可能多地满足研究质量数据的标准，我们避免了其他报告要求所需的重复工作；研究质量数据可用于评估报告，但评估质量数据不能用于学术研究报告。

纵向、大规模 SSTEP 研究的可能性

当前 SSTEP 的学术性主要是被描述为：个人的、内省的、以实践为导向的、短期的（Zeichner，2007）。这些特点赞成目前的 SSTEP 学术性；教师教育者和他们的预备教师已经从这些类型的学习中收获了巨大的利益，并且还必须保持 SSTEP 关键部分的探究不断发展。虽然 SSTEP 中存在纵向研究的一些例子（参见 Kosnik 和 Clift，2009），但这些研究并不常见。纵向、大规模 SSTEP（Longituclinal，Large－Scale SSTEP，LLS－SSTEP）研究为 PETE 教师打开了其他的可能性。我们在 GSU 进行 ILS－SSTEP 研究的十八年中，发现许多有前途的可能性可以变成宝贵的经验，通过这样一个模型和一些乐观的预期，将推动我们最初的承诺。随着这些年持续发展的项目，其他的可能性也将变得明显。

合作

事实证明，长期进行 SSTEP 研究，要采集和分析大量数据，所以合作比任何一位可以单独进行工作的 PETE 教授效率高得多。合作还需要大量扩展专业的知识基础，而任何一位教授都不可能完全具备这些知识基础。合作至关重要，它为所有参与者提供了一定的可能性。根据我们的经验，PETEAP 促进了内部和外部的合作。GSU 所有的 PETE 教授都愿意为我们的努力做出贡献，而且在做这项工作时，我们发现了许多共同的兴趣，并且相互学习。在其他时候，我们共有的专业知识不足以研究更为重要的 SSTEP 问题。我们就会寻求其他机构的 PETE 教师的专业知识来设计和实施我们 SSTEP 研究议程的一部分（Lund 和 Veal 等，2008a，b；McCullick，2008；McCullick 等，2008；MItchell，2000），通过内部和外部两方面的合作，我们围绕着大型项目组建了一些专业的学习社区。

更深刻的理解和分享

更深刻的理解和分享不仅限于单一的研究范式或短期分析，LLS－SSTEP 研究通过对使用不同仪器或通过不同方式收集的数据进行三角测量，可以深入理解。仔细的三角测量证据的解释力远远大于离散的断断续续的证据。通过合作和公开讨论，这些更深刻的理解可以由参与此过程的所有教师参与者达成并共享。在 GSU，我们定期举行会议，分析和讨论我们的 SSTEP 研究数据和文献，以便所有人能够解释数据对于我们项目的意义。

趋势分析和前瞻性规划

我们可以对在 LLS－SSTEP 研究中持续收集的数据进行定期分析，以便随时检测 PETE 项目中的趋势。某些趋势可以通过教师的随意观察来检测，但许多其他的趋势则隐藏在数据中，经过仔细选择并按时间序列分析才能发现。这些分析能够让 PETE 教师"借鉴过去"来"预测未来"，并相应地进行改变或研究。在 GSU，这些趋势分析为组织讨论课程提供了基础，如课程的入学政策、课程内容和排序、实地考察、教学评估和学生教学监督任务等。

有依据的决策

LLS—SSTEP 研究数据的收集能够使 PETE 教师从坚实的证据基础中统筹考虑程序化决策，特别是当证据来自研究质量数据时。这与那些有限的、源于质量数据的一次性研究所做出的决定是相反的。我们发现，由于围绕项目制定决策的讨论多集中在可靠数据的基础上，从而增强了我们的信心，使得决策尽可能被充分理解。

项目结论的检测

一旦 PETE 教师团队利用现有的数据做出决定，并从这些证据中实施某种类型的改变，就有可能分析出这些决定的有效性，当然前提是这些用于决定的数据是在做出改变后收集的。这样做能让小组确定该变化是否在按照预定方向发展，是否与预期一致。它也能为失败或不太健全的计划改变提供一些解释性的证据。如 Metzler 和 Blankenship（1998，2000）所述，程序的决策可以归类为四个层次：（1）维护——根本不改变；（2）调整——制作单一的小变化；（3）修改——进行多次重大变更；（4）重组——改变目标和主要结构特征的一个或多个部分。Gurvitch 和 Metzler（2009）的一项研究表明：重组的决策让我们的PETE 计划取得重大的积极成果。2000 年，我们改变了 PETE 学生入学前的正式教学实践经验的结构。具体来说，我们改变了教学地点，从校园内的实验室移到野外的教学场地，并与 P—12 学生在学校的野外教学场地上完了整节课。从纵向的数据得出了（Gibson 和 Dembo，1984）在 2000 年以前学生在正式上课前后的效果，并将其与 2000—2005 年的队列做比较。由于他们在较为简单的实验室教学中取得成功，使我们认为实验室教学队伍的教学效果在学生进入正式课程时应该更为强大。但是，一旦接触到学生教学的现实，他们的功效就会被大大削弱。由于这些设置的真实性不足，而且野外教学的效率较低，使得在学生教学过程中功效较差，但是他们一旦意识到自己有技能和信心指导，在学生教学过程中，他们的功效就会被大大增强，让他们拥有更真实的学前教学经验。

LLS—SSTEP 研究的注意事项

虽然 GSU 的 PETE 教师仍然是 LLS—SSTEP 研究的强力倡导者，但我们在十八年中已经学到了很多，可以为 PETE 小组提供意见，他们可能会考虑在自己的计划中使用"制度性的 SSTEP"方法。但应该注意的是，以下注意事项并不意味着引导其他 PETE 组从事 LLS—SSTEP 研究。恰恰相反：它们只是提供了一些要点，以便在当地实施这种方法前加以考虑。

没有充分的揭露和承诺不要开始

LLS—SSTEP 研究是一项巨大的任务：如果做得好，需要所有参与者投入时间和精力来维持。所有 PETE 教师/研究人员都需要对本地项目的范围有所了解，并表示对此的承诺。我们花了几个月的时间来组织 GSU 的 PETEAP，并制定了当时所有 PETE 教师共享的项目草案。在项目开始之前我们都知道计划内容，每个人都致力于该项目。当我们在 PETE 招募新的教职员工时，我们也非常清楚地向面试者解释了这个项目，并让他们做了一个初步承诺。

不要单独尝试

LLS—SSTEP 研究的设计不能由一位 PETE 教授/研究人员，或者是一个小组合作者进行规划、实施和维护。在规划阶段越用心，实施过程中大量工作的帮手就越多。从一开始就是个共同的、协作的工作，而且每个阶段都要寻求积极的贡献者。如能找到有不同专业知识的、能够为计划和潜在的讨论和决策提供新见解的外部合作者，将会非常有益于项目发展。

起步时不能跑——要走！

虽然我们最初的 LLS—SSTEP 研究计划是雄心勃勃的，但最好是逐步实施，我们在准备追求计划的其他部分之前，应该先做好每一个部分的工作。这样做不仅可以避免项目出现问题，还可以同时解决工作进行时存在的问题。

不要使用过时的数据收集技术

GSU 的 PETEAP 开始时，经历了从硬件拷贝收集数据转变为使用电子在线数据采集技术的过程。这些年来，我们已经完全转向使用现代技术收集数据，目前定量数据都不是从手工版本的仪器中收集。使用电子技术可以避免大量的硬件拷贝和数据存储的管理、安全和分析等问题。对于如今技术精湛的 PETE 教员来说，这种预防措施虽然是显而易见的，但仍需要讲清楚。

不要重新发明数据检测轮

无论今天 PETE 教授要提出哪些关于 SSTEP 的研究问题，针对此目的有效而可靠的工具（定量）或可接受的方案（定性）很可能已经存在了；它们可以被用于当前设计，或做些简单的修改。PETE 教师成员有必要先找出这些有效而可靠的工具或可接受方案，而不必非浪费大量时间和专长去开发新的工具。

对 *LLS－SSTEP* 研究不要有教区观念

追求 LLS－SSTEP 研究的 PETE 教师团队一路走来将会学会许多东西，并积累了许多经验和高见与他人分享。Galluzo 和 Craig（1990）项目评估研究的优先事项之一是用来通知其他教师教育者的，以便他们可以从当地"小组"学到的东西中获益。而大多数情况下，这种受益是来自阅读文献或参加演讲会议。如果 SSTEP 研究数据具有研究质量（Metzler 和 Tjeerdsma，1998，2000），那么这些数据在更广泛的学术渠道传播的机会将会更大。因此，要将我们所学的知识与世界上其他的 PETE 工作者分享。分享是自学研究的一个重要方面（Loughran，2005），传播则成为设计和实施 LLS－SSTEP 研究的重要考虑因素。

不要因数据的外部需求而恐惧

如前所述，至少在美国，PETE 教师面临着向大量外部机构提供项目数据的巨大挑战。从表面上看，这些要求可能看起来有重复，但如果 LLS－SSTEP 数据库的设计和管理很好，可以大大减少重复，甚至避免重复。我们在 GSU 的做法是设计我们的数据计划，因此首先生成的是 SSTEP 研究所需的数据，同时我们每年还必须提供许多外部报告所需的数据。

最后的想法

自 1994 年 PETEAP 在 GSU 开始以来，已有 20 多位研究人员做出贡献：GSU 的 PETE 教师和研究生、其他大学的 PETE 教师和 P－12 教师，其中有许多毕业于我们的预备教师教育计划。它的确是共同努力合作的结果，发挥了这个术语的最大意义。多年来我们以不同的组合保持了一个持续的专业学习社区，以该项目为中心，致力于收集可用的证据，便于对职前 PETE 计划做出明智的决定。而且，我们已经能够以这样的方式进行调查，将其传播给美国及以外的 PETE 专业人士。这项工作从来都不是轻而易举的，有时也并不完美，但是我们为实现纵向、大规模的教师自学体制而做的 PETE 教育实践工作是非常值得的。最后，通过努力合作，我们学到了关于 PETE 的更多知识，比我们通过个人调查学到的要多得多。

参考文献

Erickson, L. B. , Pinnegar, S. , & Young, J. R. （2012）. A programmatic self － study of practice：Exploring teacher educator knowledge. In J. R. Young, L. B. Erickson, & S. Pinnegar（Eds. ）, *The ninth international conference of self － study of teacher education practices*（pp. 98－101）. Provo：Brigham Young University Press.

Galluzo, G. R. , & Craig, J. R. （1990）. Evaluation of preservice teacher education programs. In W. R. Houston, M. Haberman, & J.

Sikula(Eds.), *Handbook of research on teacher education* (pp. 599 — 616). New York:Macmillan.

Gibson, S., & Dembo, M. (1984). Teacher effi cacy: A construct validation. *Journal of Education Psychology*, 76,569—582.

Gurvitch, R., & Blankenship, B. J. (2008). Chapter 6: Implementation of model — based instruction — the induction years. In R. Gurvitch, M. Metzler, & J. Lund(Eds.), Model based instruction for physical education: The adoption of innovation. *The Journal of Teaching in Physical Education*, 27,529—548.

Gurvitch, R., & Metzler, M. (2009). Teaching efficacy in preservice physical education teachers. *Teaching and Teacher Education*, 25,437—443.

Gurvitch, R., Metzler, M., & Lund, J. (Eds.). (2008). Model based instruction for physical education: The adoption of innovation. *The Journal of Teaching in Physical Education*, 27,447—589.

Hamilton, M. L. (2002). Change, social justice, and reliability: Reflections of a secret (change) agent. In J. Loughran & T. Russell (Eds.), *Improving teacher education practices through self — study* (pp. 176—189). London:Routledge Falmer.

Kosnik, C., & Clift, R. T. (Eds.). (2009). Longitudinal self — studies of teacher education practices. *Studying Teacher Education*, 5, 103—199.

Loughran, J. (2005). Researching teaching about teaching: Self — study of teacher education practices. *Studying Teacher Education*, 1 (1),5—16.

Loughran, J. (2010). Searching for meaning in structuring preservice teacher education. In L. Erickson, S. Pinnegar, & J. Young (Eds.), *Navigating the public and private : Negotiating the diverse landscape of teacher education* (pp. 133 — 136). Proceedings of the eighth international conference on the self—study of teacher education practices, Herstmonceux Castle, East Sussex, England. Provo, UT:

Brigham Young University.

Lund, J. L. , & Veal, M. L. (2008a). Chapter 7: Influences on cooperating teachers' adoption of model — based instruction. In R. Gurvitch, M. Metzler, & J. Lund (Eds.), Model based instruction for physical education: The adoption of innovation. *The Journal of Teaching in Physical Education*, 27, 549—570.

Lund, J. L. , & Veal, M. L. (2008b). Measuring pupil learning: How do student teachers assess within instructional models? In R. Gurvitch, M. Metzler, & J. Lund (Eds.), Model based instruction for physical education: The adoption of innovation. *The Journal of Teaching in Physical Education*, 27, 487—511.

McCullick, B. (2008). Assessing a PETE program through the eyes of cooperating teachers. In M. Metzler & B. Tjeerdsma (Eds.), The Georgia State University Physical Education Teacher Education Program Assessment Project. *Journal of Teaching in Physical Education*, 19, 508—521.

McCullick, B. , Metzler, M. , Cicek, S. , Jackson, J. , & Vickers, B. (2008). Kids say the darndest things: PETE program assessment through the eyes of children. *Journal of Teaching in Physical Education*, 27, 4—20.

Metzler, M. , & Tjeerdsma, B. (Eds.). (2000). The Georgia State University Physical Education Teacher Education Program Assessment Project. *Journal of Teaching in Physical Education*, 19, 399—555.

Metzler, M. , & Tjeerdsma, B. (1998). PETE program assessment within a development, research, and improvement framework. *Journal of Teaching in Physical Education*, 17, 468—492.

Mitchell, M. (2000). An approach to program assessment: Locating indicators of a coherent program. In M. Metzler & B. Tjeerdsma (Eds.), The Georgia State University Physical Education Teacher Education Program Assessment Project. *Journal of Teaching in Physical Education*, 19, 522—537.

National Association for Sport and Physical Education. (1995). *National standards for beginning physical education teachers* . Reston: Author.

Zeichner, K. M. (2007). Accumulating knowledge across self — studies in teacher education. *Journal of Teacher Education*, 58(1), 36—46.

岌岌可危：通过自学研究探索知识和学习的概念转换

朱迪·布鲁斯（Judy Bruce）

研究背景和研究目的

我对本项目研究开发的兴趣主要是从早期涉及新西兰体育最新课程改革的研究开始。作为一名在技术专家论的范式中接受过培训的体育教师，我很快对此失望了，并且意识到要为年轻人切断那些概念、含义和关联性。然而，教育部 1999 年设立的新西兰体育与健康课程中提出了一个重要的哲学思想，这种转变引发了批判性的人文主义传统，作为一名教师，这种转变也引发了我向教育者和研究者发展的可能性。我脑海中发生的认识转变，强烈地影响了我的教学实践。通过将体育的探索作为一个社会的批判性学科，通过一个简单的协同作用，使得我对教育产生了坚持以批判为中心进行实践的教学思想。在一个批判的人文传统下工作，通过与研究团队和研究从业者一同参与到合作项目中，我思考了其他人所提出的问题和观点。这一合作项目，旨在探索知识和学习的转换概念，并且整合新西兰课程的知识和学习的概念化（Ministry of Education，2007）。我着手的自学是大型合作项目中的一个研究案例。这个合作项目探讨了后传统的思想及其对教学和学习的影响（Andreotti 等，2012）。虽然在这段时间里谈到的想法和思想开始了"新"的变化，但它们很快变得越来越具有干扰性。对我来说，至关重要的是坚定和稳定的态度，人本主义认识论和本体论驱使我的教学实践发生转变，我发现自己的脚下摇摇欲坠。对我来说那些明显、清晰和固定的想法在自学

朱迪·布鲁斯(Judy Bruce)

坎特伯雷大学，新西兰

邮箱：judy. bruce@canterbury. ac. nz

期间已经变得混乱、困惑并不断在变化。

当我参与自学项目并开始与我的导师以及其他研究人员、参与者（项目合作更广泛的一部分）进行交谈时，我遇到了一个挑战，即牢固的和既定的"认知"和"生存"途径。通过对新传统思想的了解，我见识了批判性人文主义范式的局限性。今天题写本文时，我很清楚批判的人文观点存在于特定情境下的可能性，然而，是局限性引发了我的认识论和本体论的转换。参与后传统的历程是要解答一个问题，我是否只是在表面上是一个重要的教育者。

探索知识和学习中的认识论和本体论转变的核心前提和动机主要来自一种理解，即 21 世纪的教育要让学生能掌握必要的技能、知识和态度来成功地参与"知识型社会"。Gilbert（2005）描述了知识型社会如何改变知识的意义，使其能够被认为是具有表现性、生成性、流动性和情境性的。在知识型社会中，知识被认为是片面的和需要背景支撑的，也就是说，知识不再是固定的。表 1 简要概述了现代主义和后现代主义的知识与学习结构。而在实践中，差异更为微妙，为了更清楚地理解差异，有必要绘制二元性的图片。

表 1　现代主义和后现代主义的知识与学习结构

现代主义的知识与学习结构	后现代主义的知识与学习结构
固定的	变化中
明确的	部分的
普遍的	情景的
名词	动词
客观性	主观性
学生是某些知识的储存者	学生是知识的生产者
学生是固定知识的消极接受者	学生是创造者
普遍固定的伦理观念	转换伦理定位
同一真理的多元化表达	多元化——多种获知方法是合理的

当我参与并经历过这个自学研究项目后，那些具有普遍性、固定性和某些真理的概念与片面的、与背景相关的、不断变化的知识起冲突的情况越来越多。例如，当进行体育教师教育课程的教学时，我时

常发现实习教师对谈话中与我不同的观点有些抵抗。参与这个项目让我对一些批判性教学法的问题产生了怀疑，这种形式有时似乎是教条式、不合逻辑的（Duncum，2008；Ellsworth，1989）。此外，我对批判性问题的解答通常是预先确定的，并且"做成脚本"，这样做似乎给其他的可能性也打折扣了（Todd，2009）。在服务性学习环境中也出现了其他困境。例如，我发现服务器适用的二分法将学生的角色定位为"知情者"、专家和帮助者，这样就阻止了从"服务"中学习的可能性。本课程将讨论与自学相关的服务性学习概念中所出现的困境和紧张状态。

鉴于课程和教学困境以及在知识型社会背景下出现的紧张状态，自学研究的目的是探索转变知识和学习的概念。具体来说，通过参与这个项目，我探讨了以下问题：

1. 什么因素会让认识论和本体论转换为自己的思想？
2. 知识和学习的概念转换在服务性学习和体育教育中如何解释？
3. 这些概念的转变对服务性学习和体育教师教育的影响是什么？

在本文中，我将对发生在自学研究过程的转换做个概述并讨论这些变化对服务学习的影响。

方法

本节将讨论我经历的转变过程中的第一个研究问题。也就是说，什么因素会让认识论和本体论转换为自己的思想？这项研究为我提供了机会，就20世纪教育背景下"知识型社会"、后现代性以及知识和学习等概念的认识论转变进行讨论。我开始探索我的认识方式（认识论转变）和我所看到的方式（本体论转移）。这些探索经历了从令人抗拒到欢迎的一个意识成熟的过程。通过有意识的反思和转变的经历，我深刻理解到，这是一个整体的参与过程，而且情感、认知和精神都将受到不同的影响。

我选择自学作为这个项目的方法论，因为它提供了一个合适的框架，通过它来捕捉认识论和本体论转变的历程，并检验这些转变对我自己教学实践的影响。自学是一种通过互动和反思来进行理解、反思和改进实践的方法论（Hamilton 等，2008；Kleinsasser，2000；Pinnegar，1998）。自学被描述为"通过教育背景来看待行动中的自我"（Hamilton 等，2008，第 17 页），目的在于创造新的知识（Loughran 和 Northfield，1998），LaBoskey 提出了自学拓展的五个组成部分，那就是：自我引导和关注、旨在改进（和转型）、互动、包括多项主要的定性方法、将其正确性定义为以可信赖为前提的程序步骤。

关于诚信，我采用了 Loughran 和 Northfield（1998）的诚信准则。他们建议，一份报告包括对读者真实情况的复杂性和背景的充分了解，提供并展示了围绕一个问题的数据和一系列不同观点的三角测量，并与相关教育文献明确联系（第 13 页）。通过多次互动过程收集数据，并通过与我的导师调查和分享数据分析和结果，创建了自学的可信度、变化和深度（LaBoskey，2004）。

互动过程被视为促使我经历转变的因素，也包括在更广泛的合作项目（特别是我的导师）中与研究人员进行重复的讨论，记录了我的导师和合作项目研究人员的访谈，参与合作项目研讨会，使用概念工具、期刊写作、备忘录和阅读写作部分研究过程。在这段时间里，我与其他研究人员、参与者的历程为相关问题提供了批判性研究的机会。此外，我的导师提供的支持是这一转变之旅的关键因素，下节将会进一步说明。

很多有用的概念工具有助于我自己理解思想中的认识论转变，特别是 Magolda 的认识论发展模式（Magolda，1992）和"多重意义工具"（Andreotti 和 Souza，2008）。通过"理论实践"理念的应用，以及与合作研究团队的对话，我开始以其他方式认识到其他"获知"的可能性。

另外，研究过程的阅读和写作促进了认识论和本体论的转变。阅读给了我一种新语言的帮助。我发现阅读有助于把默许的东西明朗化，这是一种无意识的思想。阅读有助于我的认识论和本体论转换合理化，增强了我的信心。作为研究过程的一部分，我与我的另一个同事写了一篇关于服务性学习的期刊文章（Bruce 和 Brown，2010）。我选择这样做是与以前的观念在角力，那些观点在这一阶段的学习中已经变得非常不稳定。服务性学习一直是我以前通过批判性范式探索的一个背景，作为一种有用的、面向行动的方法来实施体育教育的批判性教育。崭新的想法和不同的概念的角力表明了阅读和写作过程对转变历程的重要性。

利用研究日志还整理了多个定性数据源（Samaras，2011）。研究日志在本质上是一个"排序笔记本"，制作和记录关于研究的见解、问题和意见（第285页）。在数据收集期间和结束时，我使用常量比较方法分析了数据（Glaser 和 Strauss，1967；Strauss 和 Corbin，1990）。对两个重要类别进行了探索，然后主题开始显现。这些包括本体论转变过程（在下一节中描述）和认识论转变过程（通过体育教育和服务学习环境来理解）。

成果

通过自学过程，我的核心信念受到了挑战，我发现实践非常困难。Berger（2004）将这种变革性反思称为"知识的边缘"，成了局限我们的空间。她观察到，当面对知识的边缘时，人们的反应不同，要么拥抱、质疑、参与，要么退出舒适区而进入（Berger，2004，第342页）。在很大程度上，我的经历似乎印证了前者，我寻求接受、质疑以及参与。但是，当我退缩时，我也会回忆舒适、习惯的思维方式和认识。对我而言，这个过程就像在稳定和摇摇欲坠的地面之间移动。稳定的都是旧的、熟悉的和安全的思维，而摇摆的则是不可预测的、不断转变的思维。在本节中，我将探讨本体论转变过程，然后转向教学意义。

在摇摇欲坠的地面上，会有一种兴奋和恐惧的感觉。探索新思考和开发新理念的可能性令人兴奋。我为这个放飞自己精神的机会感到激动。因为我生来就好奇和爱冒险，所以走在摇摇欲坠的地面上令我感到兴奋，我非常乐意接受体验新的认识与成长的机会。但同时也感觉到有恐惧和不确定。对我来说，一个非常确定的存在和认识方式现在正在受到挑战，这也是令人不安的。在拓展合作项目的一次采访中，当被问及这个过程对我来说是否是一种"情感的经历过程"时，我回答说：

> 是的，嗯，例如，时而高兴时而低落的情绪，喜欢、恐惧也有兴奋，混乱的感觉，嗯，特别不确定的感觉。受到威胁的感觉（笑），嗯，迷失的感觉，感觉孤立无援，就是这样，我是这样记录的……嗯，丧失了看和观察的方式，因为它真的与我的身份相关联，所以失去了一种存在的方式。但是你也知道拥抱不同的方式观察和感知的兴奋。所以，天哪，是一个情感

的回忆，是非常情绪化的经历。

鉴于上述引语，在摇摇欲坠的地面上，缺乏信心可能并不奇怪。由于我以前对权力、民主、灌输、正义、道德等教育概念的认识面临着挑战，我开始对自己的教学理念和实践失去信心。我不再有答案。我担心我无法做出改变，我开始尝试用新知识和可能的方法体现在我的教学实践中。我不太确定自己以及我的能力，也更不确信，这与迷失的感觉有关，正如以下访谈的摘录所示：

> 我对我的世界观感到非常安全和舒适。非常肯定，而且这是一个具有挑战性的事情，因为它在某种程度上扩大了这种威胁，即对世界的看法，这是令人不安的。

在摇摇欲坠的地面上有一种失落的感觉。Berger 写道："开始变革就是放弃旧的观点，在新世界得到充分阐述之前，真正失去对世界过去的感觉"（第 338 页）。Keegan（1994）指的是中间地带，在这里有时使用一只手，有时使用另一只手。可以说这是一个动荡的、内部冲突的地方，一个可以生活在两个世界的地方——这是我发现自己的地方——在中间地带。我可以看到和理解对方，但两个我是一样的。

在摇摇欲坠的地面上是有些困惑的。将一只脚踏进一个新的世界观中，但仍然对我的"家"的世界观有着强烈的意识，这意味着我是很困惑的。在日记中我写道：

> 说实话大多数时候我很困惑。当人们问我研究进展如何或项目是做什么的时候，我实际上并不知道该说什么，我被绊倒了，并且支支吾吾。某种程度上说我是知道的，但它是直觉感观的。如果我的导师从事后的角度解释事情，我会回答：对的，我就是这样。但我自己并不知道如何解释这件事情。

我正在寻求理解新的存在方式，但这与过去了解的方式相矛盾。我可以看到这是我大部分的教学实践，也是我自己的认识论和本体论的自我。Keegan（1994）写道，这种观点的变化带来了损失，即对早期观点失去满足。起初的变化是混乱的。Berger（2004）指出，最艰难的转变是过去无法维持的中立区域，未来是无法识别的（第 344 页）。

　　在摇摇欲坠的地面上，也需要其他的支持。变革中的教师帮助学生发现并认识到这个摇摇欲坠的地面，提供陪伴，有助于稳定不断的转变。一旦他们来到摇摇欲坠的地面，学生就需要帮助来保持勇气和努力成长（Berger，2004，第347页）。这绝对反映了我的历程。在整个过程中如果没有研究人员的辅导支持，不太可能发生转变。特别是我的导师做了上面提到的所有事情。她帮助我找到并认识到这个新的地方。她的陪伴，给了我支持而没有感到转变的压力。对话是开放的，非判断性的。许多质疑和故事、历程的速度决定了我现处的状态。最重要的是我从来没有感到压力或压力的转移。最后这一点，事实上为我创造了一个安全的空间，同时也是一个挑战。另外，我明白在不考虑新的可能性的情况下，反思解构的方式不能产生不同的行动（Berger，2004）。当我与我的导师一起经历解构评判的范式主义思想的过程时，也探索了不同的可能性以及"了解"和"观察"的方法。这个过程为我提供了一个前进的方向。步调很慢，因为新的可能性以及思考和了解的方式需要时间。

　　我认为缓慢转变的部分原因是在本体论层面发生的运动深度。对我而言，这与潜意识有关。虽然意识被新的思维方式和知识所延伸，但我经历了这么多的困惑，所以我发现很难表达出我想要说的是什么。在采访这个项目的研究人员时，我被带回到脑雾模糊的时刻：玻璃反射光，迷雾幻镜的感觉笼罩了关于这个问题和答案的话语。我和我的导师探索了新的可能性并挑战了其中的信念，她会一直说着话，而我会迷失在过去的思路上。有时候，我感到不知所措并且处理起想法来非常缓慢。如前所述，当同事们让我解释这个项目和我的历程时，有时我无法清楚地描述我正在学习什么。这与Berger（2004）的调查结果产生共鸣，她指出："当我们达到理解的边缘时，我们会拼命想词。我们瞎扯完又道歉，忘记了问的是什么问题"。（第342页）Polanyi（1967）解释了这种表达障碍："我们比想象的要知道的更多。"（第4页）关于知识，Polanyi提供了一种有用的区分，即明确和默认的了解方式，他的观察是，"一个人经常得出一个结论，但后来才构建了一个得出此结论的论据"（Scott和Moleski，2005，第208页）。这是无法折中的一种了解，但首先要明确表达一个想法。

意义

在本节中，我将探讨知识和概念的转变是如何在体育教育的服务学习中解释学习的。我建造了参与自学项目这个概念，同时参与了关于新传统的探索和调查，他们反映了一个特定方向（Andreotti，2010）。Andreotti 提供了一个有用的、关于理解教育影响的新的可能性和结论的概念分析。新传统中有一个对知识性质理解的重新构思，语言学习主要反映在知识社会中（Andreotti 和 Souza，2008；Claxton，2008；Gilbert，2005；Richard 和 Usher，1994）。然而，对事后的理解或对事后调查的理解，意味着目的的不同。特别是有关知识生产的政治经济学和社会文化情境构建理解的区别（Andreotti，2010）。阅读"事后"表明需要改变知识和学习的概念，以便人们可以适应新自由主义议程，并建立一个新的世界秩序（Claxton，2008）。阅读"事后影响"需要重排体系和结构，将挑战现有的一切。在认识论的多元化中，后殖民主义和后批判观点呼吁"注重差异"的内在多元化（Andreotti，2010）。这些观点提出了巨大的挑战及教育系统内的可能性。下面概述的概念化是一小步，但也许是重要的尝试和接合角度。需要注意的是，我只是有意描述艰难的、不同的理论观点和取向之间的鲜明界限，是为了理解和说明理论与实践的可能性和局限性。我承认，在许多情况下，观点的分界线没有以下文字描述得那么绝对，实践则有更加细微的差距。

概念化的服务性学习

服务性学习作为一项运动，正在快速增长，部分原因是对全球化的回应，特别是在北美。服务性学习作为一种教学方法，特别与新西兰课程相关（Ministry of Education，2007），因为它提供了与社区学校建立伙伴关系的可能，以及探索价值观和原则，如多样性、公平、社区参与和生态可持续性。此外，服务性学习可以为学生提供一个从课程中开发关键能力的理想机会。

如前所述，新西兰健康和体育教育课程（Ministry of Education，1999）本质上是社会批判性的，并借鉴了批判性的人文传统，以便为运动环境提供概念和意义。为了从批判的角度进行观察，在运动文化的背景下，许多新西兰体育教师采用了一种重要的教学方法，主要集中在发展学生批判性思维能力方面（Culpan 和 Bruce，2007）。然而，学生超越批判性思维转向社会行动的实例却受到了限制，所以我和一些其他体育教师教育者开始一起探索服务性学习，特别是关键的服务性学习方法，如主要以行动为导向的教学工具（Bruce 等，2010）。

然而，参与这一自学项目挑战了我的思考，进一步考虑了在一个批判范式内运作的局限性，以及后勤服务性学习方法的可能性（也是局限性）。通过"理论实践"工具和概念的应用，并与导师对话，我开始认识到以其他方式去"认识"的可能性。在 21 世纪教育背景下，通过参与有关认识论转变的理解，诸如"知识型社会"，后现代性以及知识与学习等概念的讨论，促成了这一转变。当我将知识理解为语境的、偶然的和临时的时候，知识的现代主义观念是固定的和普遍的，这对我来说是一个问题。服务性学习通过认识论多元构建的知识和学习的可能性，为我提供了一个有用的转变环境。这导致了第三种可能性的服务学习发展，我在这里称之为后批评方法。在概述过去的方法以前，我将首先对服务性学习的两个主要方法提供简要的评论：传统方法和批判方法。

传统的服务学习方法借鉴了人文主义的自由主义观点。这是迄今为止最流行的服务性学习形式，几乎完全不加批判地在国际上被一系列高等教育和学校教育实施。鼓励学生在本地范围内或通过国外服务项目进行慈善行为或慷慨行为。许多服务学习项目涉及帮助那些被认为是"不幸"的人们。当学生被定位为助手、知情者或专家时，服务对象就被定位为不知道和无法帮助他人的人。这种关系产生了一个有问题的二分法。在服务器提供的二分法中，几乎总是存在知识和特权的层次结构，这种层次结构反映了现代主义对知识和学习的理解。通过传统服务学习的方式与多种变化传播，复制了规范性文化习俗的固定声明。这种复制和传播形式的服务学习，受到批判性的服务学习倡导者的批判（例如，Bruce，2013；Wade，2000）。

批判性的服务学习项目旨在纠正传统的限制，将学习重点放在以社会正义为导向的课程方法上。通过采用重要的批判教学方法的思维和行动，服务学习的学生被教导去了解结构不平等，并鼓励采取社会行动的形式来解决这种不平等。虽然批判的服务学习项目确实挑战了传统项目的局限性，但现代主义的理解也影响了这些发展，也存在着困境。在批判的人文框架下，批判性的服务学习项目继续将学生作为"知情者"、专家和帮助者，他们具有技能和知识，往往不加批评地提供服务。也就是说，仍然存在服务者与被服务者的二分法，产生了规范知识和文化实践的层次结构（Bruce 和 Brown，2010）。因此，传统和评判性的服务学习项目成为学习"其他"思想的动机，以便可以帮助或改变"其他"（Kirby，2009）。

由于这些紧张关系和困境，并有鉴于我自己的知识和学习的概念，我开始考虑一个新的服务学习项目。带着对社会正义教育的兴趣，以及对新西兰体育教育的社会正义组成部分的承诺，我构建了服务学习的后期政策观念（Bruce 和 Brown，2010；Bruce，2013）。这种方法对诸如权力、等级、优势、特权和霸权的概念提出严肃的批评，同时也对知识、学习和身份的理解，如移动、语境、片面和流动做出了响应。

这种新方法不是学习"其他"，而是可以帮助或改变"其他"，旨在将学生定位为可以向"其他"学习的人（Biesta，2012；Levinas，1991；Todd，2004）。这种与他人关系状态的转变承认另一个人也是知道的、能提供帮助、可以传授其他人知识，像"我们"一样是片面的和存在一定语境的。与其他人建立道德关系的学生无法预知将会学到什么。因此，这种方法演变而来是有教学和道德风险的（Bruce，2013）。而且，这个"服务"的概念是通过建立道德关系而被另一方服务的。任何一方都不会比另一方定位得更有知识，不再以被视为违反的方式去探索知识作为片面的和语境的观点。

结论

在这里探讨的进一步细节不仅仅是服务学习概念的范围。我写这篇文章的目的是介绍自学过程的不稳定和目前我参与教学项目的方式。通过学习的过程，虽然我对体育教育的服务学习和社会文化取向（Bruce，2011）探讨的概念是有用的，但有必要考虑到内在的限制和约束。Todd（2009）在撰写国际大都会伦理时，警告不要使用脚本作为教学工具。例如，我们要采用特定的方法，我们可能不加批判地参与，从而限制其他概念的可能性。虽然我在这里讨论的概念是有用的，但是在帮助我进行认识论和本体论转变时，遵循一个特定的脚本会使我面对不同背景的反应风险。为了与新传统思想一致，我所能做的就是表达一种暂时的态度，同时也意识到其局限性，以及不断批判和重新开发作品的需要。这与自学方法相一致，也抵制了解决的观念（Bullough 和 Pinnegar，2001）。

探索不同的服务学习和体育教育概念的目的是考虑我作为教师教育者如何在日益国际化的世界中应对全球变化。与新西兰课程交锋（Ministry of Education，2007）（包括对多样性、公平性、可持续性以及包容和文化多样性等的尊重和原则）需要现行做法之外的转变。通过这个自学过程，我已经认识到，如果我要继续从认识论和本体论上转移，那么地面总是会有点晃动。如果我的教学实践是随着时代的变化而改变，那么我就需要适应那些令人不舒服的东西。

参考文献

Andreotti, V. (2010). Cognitive adaptation versus epistemological pluralism. *International Journal of Development Education and Global Learning*, 2(2), 5—22.

Andreotti, V., & Souza, L. (2008). Global learning in the 'knowledge society': Four tools for discussion. *Journal of International Educational Research and Development Education*, 31(1), 7—12.

Andreotti, V., Abbiss, J., & Quinlivan, K. (2012). *Shifting conceptualizations of knowledge and learning in the integration of the New Zealand curriculum in teacher education: Project summary*. Wellington: Teaching and Learning Research Initiative.

Berger, J. (2004). Dancing in the threshold of meaning: Recognizing and understanding the growing edge. *Journal of Transformative Education*, 2, 336—351.

Biesta, G. (2012). Receiving the gift of teaching: From 'learning from' to 'being taught by'. *Studies in Philosophy and Education*, 32(5), 449—461.

Bruce, J. (2011). Dancing on the edge: A self—study exploring postcritical possibilities in physical education. *Sport, Education and Society*, 18(6), 807—824. doi: 10. 1080/13573322. 2011. 613457.

Bruce, J. (2013). Service—learning as a pedagogy of interruption. *International Journal of Development Education and Global Learning*, 5(1), 27—41.

Bruce, J. , & Brown, S. (2010). Conceptualising service—learning in global times. *Critical Literacy: Theories and Practices*, 4(1), 6—15.

Bruce, J. , Martin, T. , & Brown, S. (2010). Seeking change: A model for critical service — learning in physical education teacher education. In M. P. Miller & J. Rendell (Eds.), *Service — learning in physical education and other related professions: A global perspective* (pp. 333—341). Sudbury: Jones and Bartlett Publishers.

Bullough, R. V. , Jr. , & Pinnegar, S. (2001). Guidelines for quality in autobiographical forms of self — study research. *Educational Researcher*, 30(3), 13—21.

Claxton, G. (2008). *What's the point of school? Rediscovering the heart of education*. Oxford: Oneworld Publications.

Culpan, I. , & Bruce, J. (2007). New Zealand physical education and critical pedagogy: Refocusing the curriculum. *International Journal of Sport and Health Science*, 5, 1—11.

Duncum, P. (2008). Thinking critically about thinking critically: Towards a post—critical, dialogic pedagogy for popular visual culture. *International Journal of Education Through Art*, 4(3), 247—257.

Ellsworth, E. (1989). Why doesn't this feel empowering? *Harvard Educational Review*, 59(3), 297—324.

Gilbert, J. (2005). *Catching the knowledge wave? The knowledge society and the future of education*. Wellington: NZCER Press.

Glaser, B. G. , & Strauss, A. L. (1967). *The discovery of grounded theory*. Dallas: Houghton Mifflin.

Hamilton, M. L. , Smith, L. , & Worthington, K. (2008). Fitting the methodology with the research: An exploration of narrative, self—study and auto—ethnography. *Studying Teacher Education*, 4(1),17—28.

Keegan, R. (1994). *In over our heads. The mental demands of modern life*. Cambridge, MA: Harvard University Press.

Kirby, K. E. (2009). Encountering and understanding suffering: The need for service learning in ethical education. *Teaching Philosophy*, 32 (2),153—176.

Kleinsasser, A. (2000). Researchers, reflexivity, and good data: Writing to unlearn. *Theory into Practice*, 39(3),155—162.

LaBoskey, V. K. (2004). The methodology of self—study and its theoretical underpinnings. In J. J. Loughran, M. L. Hamilton, V. K. LaBoskey, & T. Russell(Eds.), *International handbook of self—study of teaching practices* (pp. 817—869). Dordrecht: Kluwer Academic Publishers.

Levinas, E. (1991). *Totality and infinity: An essay on exteriority*. Dordrecht: Kluwer Academic Publishers.

Loughran, J., & Northfield, J. (1998). A framework for the development of self—study practice. In M. L. Hamilton (Ed.), *Reconceptualizing teacher practice: Self—study in teacher education* (pp. 7—18). London: Falmer Press.

Magolda, M. (1992). *Knowing and reasoning in college students. Gender related patterns in students' intellectual development*. San Francisco: Jossey Bass.

Ministry of Education. (1999). *The New Zealand health and physical education curriculum*. Wellington: Learning Media.

Ministry of Education. (2007). *The New Zealand curriculum*. Wellington: Learning Media.

Mitchell, T. (2007). Critical service learning as social justice education: A case study of the citizen scholars' program. *Equity and Excellence in Education*, 40(2),101—112.

Pinnegar, S. (1998). Introduction to part 2: Methodological perspectives. In M. L. Hamilton (Ed.), *Reconceptualizing teacher practice：Self － study in teacher education*（pp. 31 － 33）. London：Falmer Press.

Polanyi, M.（1967）. *The tacit dimension.* New York：Anchor Books.

Richard, E. , & Usher, R.（1994）. *Postmodernity and education.* London：Routledge.

Samaras, A. P.（2011）. *Self － study teacher research：Improving your practice through collaborative inquiry.* Los Angeles：Sage.

Scott, W. , & Moleski, M.（2005）. *Michael Polanyi：Scientist and philosopher.* New York：Oxford University Press.

Strauss, A. , & Corbin, J.（1990）. *Basics of qualitative research：Grounded theory procedures and techniques.* Newbury Park：Sage.

Todd, S.（2004）. *Learning from the other：Levinas, psychoanalysis and ethical possibilities in education.* Albany：State University New York.

Todd, S.（2009）. *Toward an imperfect education：Facing humanity, rethinking cosmopolitanism.* Boulder：Paradigm Publishers.

Wade, R. C.（2000）. From a distance：Service － learning and social justice. In C. R. O' Grady（Ed. ）, *Integrating service learning and multicultural education in colleges and universities.* Mahwah：Erlbaum.

暴风雨前的平静：
体育教师教育者的自传式自学研究

特伦特·D·布朗（Trent D. Brown）

"自我学习赋予我们对实践的审视"

(Garbett，2013)

介绍

在本文中，我将介绍一段自传，以了解自己作为教师教育者这种角色在塑造未来教师中的重要性，以及这些方法论的方法如何有助于职业生涯中长期的专业学习理解。以这种方式，我遵循 Pelias（2004）的建议，鼓励研究人员"从内心里剖析自己，展示一名研究人员仿佛是给自己一种信念，只有情感上脆弱、语言上令人回味和感性诗意的声音才可以使我们更接近我们希望进行的学习主题"（第 1 页）。

自学内容

在过去的二十年里，我一直在体育这一领域工作。在这段时间里，我教过小学、中学和大学体育。每一个岗位都有助于在教学方面提供广泛的知识和能力，而且对身体活动的价值有深深的承诺，使他们生活中的其他人得到学习和幸福。我的博士研究重点是关注教师关于身体活动和健身知识如何影响到体育教育中的儿童体力活动。2003年我被任命为莫纳士大学体育教师，我过去的十年一直在从事教师教育工作。

在大学任教初期，我并没有把自己称为教师，而是更喜欢被称为"学者"或"讲师"。对我来说，教师教育者一词是外行，因为我在医学

特伦特·D·布朗(Trent D. Brown)

莫纳什大学,澳大利亚

邮箱:trent. brown@monash. edu

科学院读了研究生。在教育学院工作了几年后才明白，教师教育与教学不同。我可能没有参与教学，因为我仍然固守着一个逻辑，即我的重点是体育活动的参与，而不是教育学生成为教师的过程。这可能是由于我的教学分配和参与研究并不是在这个领域[1]。

　　大概在同一时间，我开始寻找能够使我进一步研究的方式，以及我在教学中所做的工作是否有益于我。因为这种方式，我最初被诸如Sparkes（2004）、Denison 和 Markula（2003）等研究人员提出并倡导的"移动身体"的替代（重新）演示所吸引，部分是由于他们和我在同一个学术领域工作，那就是体育。话虽如此，我在莫纳什大学的同事也鼓励我阅读 Amanda Berry、Loughran 和 Judy Williams 等人关于教师教育领域的书籍，他们都是（SSTEP）社区教师教育自学研究的积极成员。从概念上讲，我试图把这些热情放在我写的 *Asia － Pacific Journal of Health*，*Sport and Physical Education* 中的概念文件中。因为我发现了在体育教师教育中使用自学和替代方法，可以加强学校教师的工作。在很多方面，本文是这项工作的延伸。

---

[1] 我早期的研究成果关注于体育相关的领域，如：

Brown，T. D. (2004). *The Development，Validation and Evaluation of the Physical Activity and Fitness Teacher Questionnaire (PAFTQ)*. (Doctoral Dissertation)，RMIT University，Melbourne.

Brown，T. D. ，& Holland，B. V. (2005). Student physical activity and lesson context during physical education. *ACHPER Healthy Lifestyles Journal* ，52(3－4)，17－23.

Brown，T. D. (2004). Test － retest reliability of the self － assessed physical activity checklist. *Perceptual and Motor Skills*，99(3)，1099－1102.

O'Connor，J. P. ，& Brown，T. D. (2007). Real cyclists don't race：informal affiliations of the weekend warrior. *International Review for the Sociology of Sport*，42(1)，83－97.

Brown，T. D. ，O'Connor，J. ，& Barkatsas，A. (2009). Instrumentation and motivations for organised cycling：The development of the cyclist motivation instrument(CMI). *Journal of Sports Science and Medicine*，8(2)，211－218.

O'Connor，J. ，& Brown，T. D. (2010). Riding with the sharks：Serious leisure cyclists' perceptions of sharing the road with motorists. *Journal of Science and Medicine in Sport*，13(1)，53－58.

自传和自我叙述

自我叙述是一种令人回味的写作形式，产生高度个性化和揭示性的文字，作者在其中讲述关于自己生活经历的故事（Richardson，1994，引自 Sparkes，2004，第 73 页）。

作为一种自传作品的形式，多层次的意识将个人与文化、文化与社会、个人与环境联系起来（Ellis 和 Bochner，2000）。作为一种研究方法，自传写作与自学一直和谐共存（Hamilton 等，2008）。它是在更广泛的体育学习研究文献中作为研究和重新呈现的一种形式（Denison 和 makula，2003；makula 和 Silk，2011；Sparkes，2004），但在体育教师教育（PETE）中尚未发现。最近，Brown 和 Payne（2009）呼吁更多的研究人员使用自传作为一种机制，进一步发展教师对自身生活经验的理解，特别是进一步体现的感官理解，如视觉、声音、触感、嗅觉和味道（Sparkes，2009）。

根据 Patton（2002）的说法，自传以"自己的经验"为基础，了解你所参与的更大的文化或亚文化（第 86 页）。它作为一种方法，使研究者在文本中的定位存在巨大差异。对研究方法至关重要的是自我意识的概念，以及个人、社会、文化和环境方面的经验和解释（或主体性）是如何构成的。在某些方面，这种展示或生活经验是观察者（在这种情况下是内部观察者）的实例，是对现实的看法。这种方法的核心是许多物质使它高于特征，即：它包括研究人员脆弱的自我、情感、身体和精神，它探讨人类的经验如何被赋予意义，它关心道德、伦理和政治后果。因此，它将社会科学与生活联系起来。

当描述这些高度个性化和揭示性的文字时，作者使用这些特征来代表生活体验。Ellis（1999）将这些特征描述为用心的写作。根据 Ellis 的观点，为了回应心灵方法论（Pelias，2004），我试图把脆弱的自我置于公众监督之下，因此我在故事中写下了我的生活经验：暴风雨前的平静。

方法

为了得到我的教学核心，我使用了一种称为自我叙述或阅读的自学方法。在阅读了 Armour 等（2001）的文章后，我被吸引到这个论文中，他们认识到了体育教育者参与有意义的、持续专业学习的潜力。随着我对自传这一种方法论和哲学有了更加明确的理解，我也在努力解决可以在更广泛的对话中被称为自学的方法。为此，我受到 Taylor 和 Coia（2009）使用自学自传的影响。

对于目前的研究，我选择把焦点放在我两个学年（2011－2012）期间进行的自学教学项目中的一篇小短文上。作为这个项目的一部分，我生成了一系列教学叙述，后来我发布在一个公开的博客上，与我的学生分享。在我看来，这些小短文有两个目的：（1）它是为了提示本科生（本科和荣誉学生）去考虑教学环境的复杂性；（b）鼓励学生更深入地反思个人实践的意义（Brown，2011；Loughran，2006）。

为了更深入地理解这些故事，我意识到自学中的数据分析是动态的，因为理论和实践的二元论、主体和客体、研究和教学都崩溃了（Anderson 等，2007，第 25 页）。为了促进和激发更深入的分析，我与另一位来自海外机构从事教师教育者密切合作，让他担当我的批判朋友。批判朋友利用以下几点支持作为框架，通过电子邮件支持学术交流：

1. 考虑故事中是否有足够的细节。哪些被漏掉或被掩饰的内容对反思是重要的？哪些词语、隐喻或陈述需要被澄清或解释？

2. 提供关于实践中很重要的评论。这种反馈不仅仅是粗略的赞美，它应该提供一个有助于提升工作的视角。

3. 提出一些能促使（挑战、挑衅、激怒）你从不同的角度看待争端、情况、经验和行为的问题。

在下面的讨论中，我讲一个小片段，并讨论我如何把这当作是更好地了解我作为一名教师教育者的身份机制。

> **小片段**　　　　　　　　**风暴前的平静**

　　我在一个并不熟悉的校园讲座室里，准备着这个学期的第一个研讨会。我来得有点早，刚好早一个小时，因为我想找到在本学期剩下的时间里在这房间里授课的感觉。房间里很温暖，我觉得穿着牛仔裤、T 恤衫、衬衫和外套有些多，于是就把外套脱下来，卷起了衬衫的袖子。

　　我把所有东西从我的书包中拿出来，堆在桌子上。我的文件夹有研讨会的笔记、教科书、单位指南和第一周的阅读。根据我设想的讲课方式，我把它们从右到左依次排列。我确定它们的排列都很均匀，并感觉自己有点奇怪，因为我通常不那么整洁。一切齐全，我可以开始我的下一个准备工作——技术。

　　我将自己的日记录入我的电脑，登录了一次，但电脑似乎不喜欢我。我确定我的用户名和密码都输入正确了之后，第二次在键盘上使劲按了"回车键"时，我停顿了，因为我在我的身体里感觉到沮丧的冲动。我回到桌子前，从我的书包里掏出我的铅笔盒和白板笔。我听到桌面上熟悉的声音，电脑终于识别了我的用户名和密码，操作系统和桌面打开了。谢天谢地电脑工作了，在过去一个月的工作中我都做到了这一切，以确保这个环节可以让学生访问播客、嵌入式视频、订阅微博、作弊表以及如何操作。如果我不能让电脑现在工作，那么我真的会像个傻子一样站在我的教室前面。

　　不久之后，将有35名毕业生来到课堂中，他们在成为体育教师之前要完成他们最后一个学期的学习。大部分学生都是我以前教过的学生，这是他们四年制本科课程的一部分。而其他人则是第一次与他们见面。这些学生是澳大利亚作为教育研究生一年课程的一部分。当我想到这些毕业生，我觉得我没有准备好接手这个班级。这些学生之前拥有什么样知识？他们是谁？我有没有为他们提供足够的机会，发展成为有效的教师？他们有足够的工具在课堂上使用吗？我回到课桌前继续质疑我的能力，打开PPT把我的笔记播放出来。我读了我的笔记，特别注意每一张幻灯片上的铅笔手写笔记。我注意到，在一个例子中，有个幻灯片可能太窄了，所以我要强调这一点，强调幻灯片上的单词，并在手写部分添加了另一个评论，让我对"研究生"的学生现实世界的例子感到担忧。

　　我回到计算机前，登录大学运营的在线教学系统。点击单元，滚动浏览我建立的所有图标。我抬头看屏幕，因为投影机已经在播放，我很高兴的是，终于有了显著的成果。"该网站看起来不错。是的，你已经做了很多工作，我们希望所有你倾注到如何编程 html 代码的这些时间是有用的，学生感激你并专门创建了这个在线门户。"我点击图标，确保我已经准备好所有需要的网页。

我开始在房间周围踱步，想着我已经为此次研讨会准备好了一切。我低头看着我的手表，还有 35 分钟才开始上课。我回到电脑前，记得我有一个视频剪辑，我想向学生展示关于创造力和教师在发展培养这种创造力方面有哪些亮点更重要。我已经将网址嵌入在线门户网站的某个地方，并搜索了几分钟试图找到这个。"我一定把它放在了某个地方，它在哪里呢?"我点击了几个图标，突然间记得是在我隐藏的文件夹里。我点击链接并连接到互联网，然后再去这个著名的视频共享门户。我按屏幕上的播放，可以看到它移动，但听不到声音。我对技术很在行啊，但是听不到声音。我努力使声音可以播放出来。我弯下腰，开始拨弄我认为连接到电脑的旋钮。没有作用。我开始恐慌地看着我的手表，离上课还有 30 分钟。我该怎么办?我搜索教室，并找到了 IT 帮助的服务号码。我呼叫了它，并说明了问题所在。

我回到课桌前，确保一切都正常，幻想着我会如何在课堂上进行讲座。等待 IT 帮助人员进入教室似乎是一个漫长的过程。最后他还是来了，我的心终于放下了。我似乎站在了这个人的角度，因为他向我解释了我做错了什么，他的做法与 10 分钟前我做过的步骤一样。他点击了几个按钮，点击屏幕上的播放。好像我们都在 U2 音乐会上播放一样，突然，雷声般的声音从连接电脑的扬声器中发出。这个人和我一样尝试并抓住了鼠标来更改视频的音量。啊，一切似乎是有序的，我们继续谈论技术和在课堂上使用它的优点。我深深地感谢他。我真的以为我可以自己做这个的，但如果我不能这样做，那么我在课堂上展示这些技术时，学生不会使用又该怎么办?

成为一名教育工作者：一个故事的扩大

我和我的学生们一起写作并分享这个叙事的目的，就是在第一次课上做教学行为的示范和模拟。我希望这个故事呈现出任何教师去应对行动复杂性和多样性的能力，不管是实习教师、初级教师或教师教育者。在许多方面上我们都知道，教师在他们的课堂开始之前会遇到所谓的未知孤独空间，既理性又不理性的思想、恐惧和焦虑的感觉。对学生的这种感觉的沟通以及分析与 Berry（2007）的创作工作相似，关于日记和故事，他是这样写的：

> 这本杂志记录了我每个会话的目的，开放日记的一个重要目的是为未来的教师提供我对课程的思考，包括我的目标，对于这些目标我是否达到，以及我讲课时产生的其他问题和意见（第 24 页）。

我自己在课堂上的"孤独空间"，在许多方面收集和发展思想、准备各项技术，是一个平凡的例子，它突出了老师生活中一直持续的教学工作。在许多方面，它是了解教学对一些技术实力的需要，或正如 Shulman（1987）所说，它是掌握一般教育学知识的需要。我觉得这个故事向读者揭示了教育学经常被学生忽视的一些方面，如准备、焦虑、恐慌和恐惧。这是每天讨论教师的任务。同时也是具体的说明。教师总是在考虑学生以及教学的行为，即教师的生活永远没有尽头。教师们总是考虑他们的学生，将要教授的文章内容和所采用的教学法。这种思考发生在沐浴的时候、驾车回家的途中、在体育馆里或在课堂即将开始的时刻——这种思维和反思发生在任何时间、任何地点（Loughran，2010）。

另一种与教室的管理和准备密切相关的阅读在一定程度上是对风险的反应或试图保持心理安全——控制未知。如果视频设备出故障了将会怎么办？学生对图标、内容、管理系统或技术是怎么想的？如果工具运行失败，我是否有一个教学和学习的备用计划？正如叙述的那样，我成为教师的过程，例如过早到教室，设置投影仪和电脑系统且组织自己的笔记，是强调自己要减少管理风险，并在随后减少个人对课堂结果潜在的心理恐惧而开发的教学方法。准备工作是创造和展示个人安全网，强调作为一个教师，无论你多么有经验，还是要体验对教学的焦虑、紧张和担忧，并承认在课堂准备好材料、工具和活动是良好的教学实践的基石，对你来说都没什么大不了。另外或许潜意识里，我也担心会把默认的内容明朗化，同时又关心我如何才能提供这样的内容，这是 Williams 等（2012）引用 Loughran（2006）的观点，即教师教育者至少在两个层面上讲授教学：他们给预备教师讲什么（内容）以及他们如何教授预备教师（教学法）。

写下叙述和阅读这些描述的过程，为教师和教师教育者提供了一个很好的考虑自身实践的机会，它提供了一种对教师教育过程中生活方式的理解（Ovens，2007，第 14 页）。鉴于体育教师本身就是切合实际的，因此通过制定战略使他们能够通过记录各种经历去探索现实世界，这会是个强有力的专业学习过程（Brown，2011）。此外，作为教师教育者，我希望自己能够像 Berry（2007）一样不断地重新认识自我。对我而言，最好的办法是通过私人的、个人的和我自己的这些简短的叙述，得到我教学的"核心"（Pelias，2004）。鉴于我对自我叙述的兴趣和介绍，所以把自传作为本文的一部分，说明它如何适用于自我学习，如何更广泛地用于研究自动图形学。接下来是试图为自学研究和自传的读者讲述两个方法的一些主题中最值得关注的问题。

个人的反思

自学具有吸引力的部分原因是它会导致有意义的教学法发生变化，个人理论受到挑战，即研究者（在这里指教师教育者）要超越个人的视角（Loughran，2007，第 13 页）。在我的叙述中，有持续阅读和反复阅读，同时考虑个人叙述以外的阅读，我的朋友挑衅地表示，在许多方面，这样的故事将我定位为传递风格的教师，因为我正在带动准备、内容、问题和课程的流动反映。我冷静地反思这样的观点，就可以看到这样的结论是如何得出的。然而，在我的观点里这样的评论是有害的，因为我从未想过我作为教师的基本假设。对我来说，关注如此公开的传递风格在我实际做的与我期待去做的事情之间创造了一种紧张关系。我承认我确实拥有一种对于教学的态度和信念，使教师在心理、身体和情感上为教学做好准备。在许多方面对那些不忙于任何真实的教学行为或者说是有意义的方式的学生教学，显得尤其正确。在过去作为教师教育者与实习教师的十年里，这样的关注一直存在，其中的准备工作仅在表面上被考虑和制定，如果我能表现出这样的准备状态，那么我的学生也可能会考虑到这种做法的重要性。显然，这种使用批判朋友的自传式自学方式激发了我关于教学和身份的一些想法。至于教学，我继续思考、规划和倡导新传统（例如教师指导）的教学法和模式，这些教学法和模式（Arnold，1979）的体育教育和学习更具整体性。许多这类例子都来自诸如体育教育、合作学习或指导发现学习等教育模型，承认多种认知方式，就会有多种教学方式。

除了个人在教学态度和信念方面受到的挑战之外，我也想了解自学和自传等方法如何有助于我对教师教育的理解。借鉴 Casey（2012）的观点，我是我所受教育、我的工作/生活环境、以前和现在教育的产物。换句话说，我是体育文化史的一部分，同时也是教师教育的一部分。作为教师教育的倡导者（Loughran，2006），我选择参与自学的原因是"除了做出改进还有对教学、教师和专业的承诺"（第 26 页）。自我学习的重点在于教学行为，要符合对个人的主观理解的一致性方法（例如感性自动记录方法），从我的角度讲，能加强我们如何理解知识和教学的教学法，给予感性特权以及被称为教师个人课堂的更深刻理解。

总结

写这篇文章及分析其内容的过程对我来说并不简单，我曾经无数次地想过停下来或放弃，也不想与读者分享，因为本文向大家展示了作为一名教师和教师教育者"脆弱的内心"。回顾我这十年的大学教学生涯以及我在书里聊过的那些片段，揭示了一个已经在高等教育界到达了一定高度，但同时依然在这条路上探索自我的教师教育者形象（Williams 和 Power，2010；Williams 等，2012）。其实，这样公开地展示自我，在很多方面都在无形地折磨着我，因为时至今日我仍然不知道我是不是真的适合这份工作，或者说我和我的工作真的是重要的。但是，我可以明确地感受到为什么这样一个公开的自我展示，是一个在学习、探索自我时，作为个人使用或者专业使用都非常有用的"工具"。我非常感激我一个非常重要的朋友给予我的支持，他告诉我，"当你在校内及校外跟重要的人合作时，我们所固有的对文化历史的理解以及对教学的期待很可能会改变"。

故事、自传、自我叙述和自学（包括记录自己的生活以及自我探索过程）都有能力唤醒我们对生活意义的思考。同时，它们也能被看作是个人教学方法的改变（Casey，2012）。虽然传统的体育研究集中在运动员、表演者及其对运动的解读上，但最近我们看到，这里倡导的方法在学术界发挥了更积极的作用，并为体育专业人士提供了机会，扩展了我们对专业，特别是对教学行为的解读。这种关注点原本在于自传及自学，但通过自传、诗歌、民族志喜剧或者小说来表达的经验故事也有很多。最后我用 Brown（2009）的一句话来概括：

> 重要的是研究人员和从业者继续倡导和发展各种教学法、课程和工作方法，使身体运动的多层次素质和个人如何实现运动意义成为他们运动教育经验中根深蒂固的组成部分。

致谢：感谢 Alan Ovens 博士在本文中提供了蕴含他无限思想和智慧的建议及评论。没有他，就没有本文。

参考文献

Anderson, G. L., Herr, K., & Nihlen, A. S. (Eds.). (2007). *Studying your own school：An educator's guide to practitioner action research*. Thousand Oaks：Sage.

Armour, K., Moore, G., & Stevenson, L. E. (2001, September). Paper presented at the British Education Research Association conference, Leeds University, UK.

Arnold, P. J. (1979). *Meaning in movement，sport and physical education*. London：Heinemann.

Berry, A. (2007). *Tensions in teaching about teaching：Understanding practice as a teacher educator*. Dordrecht：Springer.

Brown, L. (1998). Boys' training：The inner sanctum. In C. Hickey, L. Fitzclarence, & R. Matthews(Eds.), *Where the boys are* (pp. 83—

96). Geelong:Deakin University Press.

Brown, T. D. (2011). More than glimpses in the mirror: An argument for self — study in the professional learning of physical education teachers. *Asia — Pacific Journal of Health , Sport and Physical Education* ,2(1),19—32.

Brown, T. D. , & Payne, P. G. (2009). Conceptualizing the phenomenology of movement in physical education: Implications for pedagogical inquiry and development. *Quest*, 61(4),418—441.

Brown, T. D. , Bennett, R. , Ward, L. , & Payne, P. G. (2009, November). *The context of movement and its social ecology*. Paper presented at the Australian Association for Research in Education, Canberra,AU.

Casey, A. (2012). A self — study using action research: Changing site expectations and practice stereotypes. *Educational Action Research* , 20(2),219—232.

Denison,J. (1999). Men's selves and sports. In A. Sparkes & M. Sillvennonlnen(Eds.), *Talking bodies* (pp. 156 — 162). Jyvaskyla: Jyvaskyla University Printing House.

Denison,J. , & Markula,P. (2003). *Moving writing — Crafting movement in sport research*. New York:Peter Lang.

Ellis, C. (1999). Heartful autoethnography. *Qualitative Health Research* ,9(5),669—683.

Ellis, C. , & Bochner, A. (2000). Autoethnography, personal narrative,reflexivity. In N. K. Denzin & Y. S. Lincoln(Eds.), *Handbook of qualitative research*(Vol. 2,pp. 733—768). London:Sage.

Garbett,D. (2013). Promotion by teaching distinction: Developing resilience and cache for a track less traveled. *Studying Teacher Education*, 9(2),108—117.

Hamilton,M. L. ,Smith,L. , & Worthington,K. (2008). Fitting the methodology with the research:An exploration of narrative,self—study and auto—ethnography. *Studying Teacher Education*, 4(1),17—28.

Loughran, J. J. (2006). *Developing a pedagogy of teacher education: Understanding teaching and learning about teaching*. London: Routledge.

Loughran, J. J. (2007). Researching teacher education practices. *Journal of Teacher Education*, 58(1), 12—20.

Loughran, J. J. (2010). What expert teachers do: *Teachers' professional knowledge of classroom practice*. Sydney: Allen and Unwin.

Markula, P., & Silk, M. (2011). *Qualitative research for physical culture*. London: Palgrave MacMillan.

Ovens, A. (2007). Telling stories about learning to teach. *Journal of Physical Education New Zealand*, 40(3), 11—14.

Patton, M. Q. (2002). *Qualitative research and evaluation methods* (3rd ed.). Thousand Oaks: Sage.

Pelias, R. (2004). *A methodology of the heart: Evoking academic and daily life*. Walnut Creek: AltMira Press.

Shulman, L. S. (1987). Knowledge and teaching: Foundations of the new reform. *Harvard Educational Review*, 57(1), 1—22.

Sparkes, A. C. (2004). *Telling tales in sport and physical activity—A qualitative journey*. Champaign: Human Kinetics.

Sparkes, A. C. (2009). Ethnography and the senses: Challenges and possibilities. *Qualitative Research in Sport and Exercise*, 1(1), 21—35.

Sparkes, A. C. , Nilges, L. , Swan, P. , & Dowling, F. (2003). Poetic representations in sport and physical education: Insider perspectives. *Sport, Education and Society*, 8(2), 153—177.

Taylor, M. , & Coia, L. (2009). Co/autoethnography. In C. A. Lassonde, S. Galman, & C. Kosnik (Eds.), *Self—study research methodologies for teacher educators* (pp. 169—186). Rotterdam: Sense Publishers.

Williams, J. , & Power, K. (2010). Examining teacher educator practice and identity through core reflection. *Studying Teacher*

Education,6(2),115—130.

Williams,J.,Ritter,J.,& Bullock,S. M. (2012). Understanding the complexity of becoming a teacher educator: Experience, belonging, and practice within a professional learning community. *Studying Teacher Education*,8(3),245—260.

第三章　反思在体育教育中进行自学的可能性

我们不是绝对地按时间的顺序发展，有时我们一方面在发展，另一方面则不发展。我们只是部分地发展。我们在一个领域成熟，而在另一领域又是稚嫩的。过去、现在、将来一起拉着我们向后、向前或者把我们固定在当下。我们由不同层次、细胞和星宿[1]组成。

本章通过广泛考虑个体如何影响和改变体育教师教育中话语问题在大学和学校环境中的位置，汇集了共同的主题和理解。总之，这部分的三篇文章对体育教育中进行自学的可能性进行了批判性的评估。

---

[1] Nin, A. (1971). The diary of Anaïs Nin: Volume IV. New York, NY: Harcourt Brace Jovanovich.

在体育教育中阅读体育教育的自学：
回顾反思的时代精神

理查德·提宁（Richard Tinning）

介绍

自学？老实说，我从没有听说过自学，直到几年前，Alan Ovens 向我描述他参加城堡会议的重点。我的话题圈是明显有限的。总之，当 Alan 问我是否愿意为 *What self－study might offer the field of PE?* 这本书撰写其中一个章节的时候，我答应了，因为我想为自己找出这答案。

我后来得知，自学学习采取了以师资为主的立场，注重参与者自身经验的教学和学习过程（Casey，本书）。我也从 Ovens 和 Fletcher（这个系列）的方法中学到了一些东西，这种自学从来不是一个人的努力，它有三个广泛的框架特征：

1. 一个共享和发展实践的专业从业人员网络；
2. 对自己的实践进行探究，以自我为重点；
3. 它制定了欲望的设置；渴望更多的改善与更好的理解；

显然，这些特征将自学与其他形式的研究区分开来，例如：行为研究、叙述探究、论证分析、解释现象学或自传。

Hamilton 和 Pinnegar（1998）认为自学就像：

> ……研究自我，自己的行为，自己的想法……它是自传的、历史的、文化的和政治的……它吸取人的生命，但它不仅仅如此。自学也涉及文字阅读的思考、经历、人们所熟知的想法和思考（第 236 页）。

理查德·提宁(Richard Tinning)

昆士兰大学,新西兰

邮箱:rit@hms.uq.edu.au

好吧，我想这很有趣。这里有很多与我的教师教育历史（某种程度上）相关的东西。为了便于自我披露，我应该说明，我是构成批判性教学法和"德根视角"行为研究的讨论社区的一部分。在批评理论上，多年来我一直与从事行为研究项目中的教师和学生一起工作。我写了一本 *Improving Teaching Physical Education* （Tining，1987a），鼓励实习教师通过演说、行为研究，提出类似"我选择教什么有什么意义，我如何教学有什么意义"这样的问题来明确目标，成为反思性实践者。我还写了关于我的经验，而且提倡行为研究是反思实践的一种形式（Tinning，1987b，1992，1995，1997）

所以，从某种意义上来说，我有很长的思考和运用某些似乎是自学中心的想法的经历。那为什么我没听说过自学呢？为什么自学没有在我的视野中出现过？

在本文中我将讨论一些有关我阅读自学的兴趣问题，然后将注意力转向自我学习的时代思潮。最后我会提供一些关于自学能力对体育教育的贡献的看法。

感兴趣的问题

有三个问题在我的阅读自学中立即引起了我的注意：与行为研究的相似点；理论的地位；反思自学的中心地位。下面我将逐个讨论。

与行为研究的相似点

仅仅作为兴趣，我通过昆士兰大学的图书馆就行为研究和自学做了一个搜索。我发现有 182 份都是关于行为研究的，同时只有 11 份是关于自学的。这反映了学术研究的领域大小或者昆士兰大学学术的特殊兴趣吗？它们真的是两种不同的研究领域吗？考虑到它们的相似之处和差异，对我来说回答这个问题是有用的。

Zeichner 和 Noffke （2001）在 *Handbook of Reserch in Teaching* 第四章（Richard，2001）为他们所谓的"实践者"提供了一个有用的分类研究……一个广泛的教师研究自己实践教师（和其他人）的传统教会。他们将自学作为五大传统之一。在自我讨论中，他们认为主要从业者是教师教育工作者（而不是教师），而且倾向于某些探究方式——即生活史和叙事形式的探究。

　　Feldman 等（2004）在 *International Handbook of Self-Study of Teaching and Teacher Education Practices*（Loughran 等，2004）中的文章标题为"通过行为研究自学"，该章节深刻地讨论了这一问题："行为研究的方式是什么，和自学不相关吗？"（第 943 页）。Feldman 等（2009）认为，Zeichner 和 Noffke（2001）的叙述不足以将自学从其他形式的实践者研究中区分出来。他们声称，虽然行为研究可以成为进行系统性自我评判的手段（第 943 页），但自学不只是一种方法。他们认为，自我评判是"自我学习中存在的三种方法学特征"的其中之一（第 943 页），但他们也承认，自我评判是实践者和研究者行为研究解放传统的特征。是不是很困惑？但就是这样的。

　　对我来说，从行为研究寻找可能区分自学的显著特征虽然很有趣，但并没有给这个问题提供合适的答案："为什么不把它称为一件事？"换句话说，为什么不把它称作行为研究？我在这个问题上想寻求一个有意义的答案，不是分类和定义特征，而是赋予他话语权的概念。在我看来，作为一个较小的讨论社区（如自学）的一部分，有很好的实际原因。

　　Loughran（2004）所解释的自学的一个重要方面是教师教育者希望建立一种实习教师都应该采用的教学/学习过程的模型。虽然按照旧的师范教育的学徒制模式进行负面构想，但 Loughran 的观点是考虑作为教师教育者的角色，以及所需要的教学法来证明这一思考。

　　在考虑教师教育和 PETE 中批判性教学法微弱的成功（Tining，2002）时，我认为，在实践中，这种教育学可能看起来有很多倡导和理论，但很少建模。我们都知道"探究式教学"所传达的混杂信息。在我看来，在批判教育学的情况下，一个试图塑造这样的教学法并提交这样的实践到自学研究项目的教师教育者，可能会进一步提出一些制造批判性教学法的要求。

在学术界捍卫研究

　　长期以来，在学术界捍卫自己的研究一直是教育研究人员遇到的问题。这种捍卫往往部分集中在严酷的问题上，并且期望研究是一种系统的探究形式。自学的系统性和严谨性肯定是自学学者关心的问题。

LaBoskey（2004）在 2004 年城堡会议上告知自学参与者，要让自我学习被教育界所接受必须是有系统的、有特点的和更为严格的（Lassonde 等，2009a）。

也许行为研究的历史在这方面是有启发性的。虽然行为研究是一个非常广泛的教派（参见 Feldman，2009），但我会用 Robin McTaggart（1991）对行为研究的解释：以短暂的现代史作为历史的来源。McTaggart 是"迪肯（Deakin）行为研究学派"的一部分。

McTaggart（1991）认为，哥伦比亚大学 Horace Mann Lincoln 研究所的 Stephen Corey 在许多著作中就与许多 20 世纪 50 年代的教师一起介绍并发展了行为研究的理论。然而，正如 McTaggart 指出的，他努力推广并把行为研究合理化，实际上使其更容易受到批评。因此，在 20 世纪 50 年代，教育研究越来越多地受到实证主义社会科学的统治，行为研究未能达到合理性，其受欢迎程度下降。在这种环境下，Hodgkinson（1957）认为，行为研究是作为一种常识，而不是一个科学方法，并将其与有效的科学试验的必要标准相比较。他得出结论说：这只是解决问题的一种方法（小工程师简单的游戏爱好）；在统计学上是不成熟的；没有引导合理的概括；也没有帮助创建一个理论体系；由业余（不是很好的）爱好者操作的（McTaggart，1991，第 15 页）。

把行为研究与"基础"研究相对立，以及在他认为行为研究是实现"泛化"的各种努力中，Corey 不知不觉地支持着现行的研究主导意识形态，又反过来"抱着"标准要对其进行行为研究。因此，"行为研究并不是找到其自身的合理性标准"（McTaggart，1991，第 11 页）。我在自学上的阅读就是不走向"那个轨迹"，让它看起来是一个更热情友好的讨论社区，能表达自己的标准（Young 等，2012），让它不太可能与行为研究一样被分割成不同的派别。

在我看来，行为研究的两个趋势导致了行为研究相当混乱，也许是不那么令人鼓舞的未来。一方面可能会认为，行为研究变得过于理论化，甚至分成了个人的较小讨论社区。也许这是试图在教育研究界证明其价值。当然，由 Carr 和 Kemmis（1986）写的 *Becoming Critical：Education，knowledge and action research*，就是在这方面具有突破性意义的文献，挑战了实证主义研究并提供了他们所谓的行为研究教育科学。另一方面，在一个完全理论的方法中，许多人将行为研究周期作为一个简单的程序，对构想周期的本体论和认识论理念没有任何理解。这导致了行为研究过程成为管理工具，而不是如 Karl 和 Kemmis（1986）最初倡导的自我发现和解放的过程。

我最喜欢读的是：行为研究已经对自学产生了重大的影响，并且它被认为是提供了一个有用的将系统探究的做法渗入个人教学实践中的方法（见 Samaras 和 Freese，2009）。Samaras 和 Freese 声称行为研究涉及解决问题的系统方法（第 4 页）。然而，这种使行为研究与其技术方向（Grundy，1987）相一致的解释，当然是行为研究在体育教育背景下使用的主要方向（Tining，1992），该解释对行为研究的认识相当有限，Kemmis 和 McTaggart（1990）在 *The action research planner* 中明确指出，行为研究的存在不仅仅可解决问题，它还包括将"问题"定位。对于 Carl 和 Kemmis 来说，行为研究还有其他可以采取的方向，包括实践和批判。至少对我来说，正是这两个方向提供了最有潜力的体育教育。

自学研究公开接受公众的监督，证明其可信度，这似乎是对一般教育研究界捍卫自学的必要性回应。但是，我认为开放自学研究的事实似乎是一个可能给行为研究带来不同前景的一个特征。行为研究虽然经常由行政部门拨款，但在学术界似乎已经不复存在了。也许是因为它对自己内部的理论辩论过于关注了。在这方面，虽然自学社区内有很多辩论，但作为一个讨论社区，看起来（至少从外部）似乎更具包容性、拥有更少的教条态度，这是件好事。

理论的地位

几年前，我读过 Frank McCourt（2005）的 *Teacher man*。这是迈克科特担任纽约高中英语老师三十年来的故事。也许你们读过他最知名的作品 *Angela's ashes*。我很爱 *Teacher man*，因为它阐述了教学的不确定性、不可预知的性质，以及试图规范教学，把学校无论是当作父母还是年轻人的教育服务提供者。McCourt 对青少年心灵洞察力的想象是美好的。他的故事是"神话"和"气魄"强大力量的结合（Tining，

2002），因为他解决了日常的教学困境。

对我来说的问题是：McCourt（或任何其他人的）的教学自传可以被认为是一种自学形式吗？看一下 Ovens 和 Fletcher 报告的自学特征现象并不是这样。McCourt 不是自学专业讨论社区的一部分。他的工作不是以询问为导向，而是明确地关于自我，最后似乎没有预期的那样改善他的实践。

McCourt 三十年教学自传的另一个层面，在我看来这个似乎不能算作自学研究。没有明确地尝试过从理论上更好地理解他的实践。在这方面我想问一句：建立理论是自学的必要方面吗？

实践显然是自学的核心，在自学文献中有很多理论上的实践（参见 LaBoskey，2004；Pinnegar 和 Hamilton，2009）。例如，Polanyi（1958）的观点，隐性知识是所有实践的一部分。此外，Clandinin 和 Connelly（2004）的个人实践知识理论在自学实践的讨论中占主要地位。然而有趣的是，在自学文献中没有连接实践的理论，即：了解和研究专业实践（Green，2009）。此外，对 Green 的著作做出贡献的讨论社区也没有提到自我研究。似乎至少有两个不同的讨论社区，都是围绕理解和研究专业实践的目标进行交流，但他们双方不相互交流。更奇怪的是，Green 的著作以及 Lassonde 等的著作（*Self — study research methodologies for teacher educator*，2009b）均由 Sense 出版社同年出版！

当然这并不是什么新颖的观察。但它讲的的确是不同讨论社区提供的观点。虽然是一个简单的分析，但我认为，这两个社区都对 Dewey 遗产进行了粗略的选择，但是自学社区所提供的这种理论往往不那么具有哲学性，也许对大多数教师教育者或教师而言，这显得更容易采纳。

Goodson 和 Walker（1991）提醒说，值得考虑一下实践的中心地位。他们普遍认为，"为了改善实践，我们必须在最初就专注于实践。这在逻辑上和心理上是说不通的"（第 141 页）。他们的观点是"把教师的实践放在"行为研究人员或自学研究人员行动的中心，就是把教师世界最明显和最有问题的方面放在了审查和谈判中心（第 141 页）。在我看来，把实践中的自己放在项目的中心，自学才可能招致这样的批评。

Goodson 和 Walker（1991）继续论证说，使用教师的传记，在教师生活的背景下检验教师工作的本质是一个比较合适和富有成效的起点。然而，有许多自学的例子是从个人历史开始（参见 Samaras 等，2004），似乎自学提供了许多实现其目的的方法。

自学中理论化的自我

自我反思的项目不是一件容易的事情。为了更好地理解自我，我们可以容易地将这些自我的层面放在这样的研究领域，如精神分析。Alice Miller（1987）的精神分析工作很有趣。Miller 首先提出了"有毒教学法"这个术语，指的是从一个父母那里获取那些无法识别的教学策略，在不知不觉中，转载给下一代。从她的工作中，我们可以看到，将自我理解为父母，可能需要对自己进行一些精神分析的解剖工作，以揭示隐藏深刻的教学方式。

在这方面，Feldman（2009）在一篇题为"自我解决问题"（Lassonde 等，2009b）的文章中声称，"存在主义和精神分析理论为我们提供了一些观点，使我们能够认识到自学中自我性质的问题"（第 42页）。当然还有很多其他的观点或理论框架（Tining 和 Fitzpatrick，2012），可以更好地理解自我，特别是在教学实践中的背景下。例如，Paugh 和 Robinson（2009）认为，自学的学习单位不是一个本质化的自我，而是关系化的自我（第 88 页）。这涉及 Gee（1990）所称的后现代"社会转向"，其中自我概念是一种社会建构，并且始终与语境和权力之间的关系相关。我的问题是：如何在自学中追求自我理论的形成？如果没有它，自学可以是有用的（真实的）吗？

在他写的煽动性的 *The Here tics* 这本书中，调查记者威尔·斯托尔（Will Storr，2013）向读者介绍了当代大脑研究，展示了所有的自我迷恋。我们不断地过滤不符合我们感觉方式的东西，我们被我们大脑的阴谋欺骗了。那么怎样才能确定我们自学时不会自欺欺人？我们需要公开自学，与关键的朋友一起工作吗？

自学肯定受到 Merleau-Ponty（1968）提出的关于体现知识的观点的影响。然而，自我似乎总是要被理解为关系型的：

> 虽然自我的各种理论对我们自己进行的实践研究是有帮助的，但自我概念在很多方面都是切合实际的，因为此自我非彼

自我，而实践中的自我却是最有意义的（Pinnegar 和 Hamilton，2009，第 12 页）。

反思自学的中心地位

按 Samaras 和 Freese（2009）的说法，反思和反思实践领域的研究对自学有较强的影响力（第 4 页）。此外，进一步的行为研究作为反思实践的形式对自学研究有很大的影响力（第 3 页）。在提出体现体育教育自我学习潜力的同时，我回顾了反思的概念及其可能性的问题。

然而，Loughran（2004）认为自学与反思实践不一样。"反思是一个思考周到的过程，但它主要在于个人的内部"（第 25 页）。他声称是自学"进一步推动反思的作用"（第 25 页），因为自学需要被公开传播和批评。而这种传播和批评可能也主要发生在自学教师和教师教育者的讨论社区内。

教学和师资教育的"反思"转折

毫无疑问，过去几十年来，教学、师资教育和 PETE 的主要趋势之一，就是将反思作为主导思想。在整个西方教育世界，似乎反思教学/实践是官方课本的一部分。

但即使在这种趋势最开始，一些学者就开始关注反思教学的日益普及。Liston 和 Zeichner（1987）认为，在 20 世纪 80 年代，反思正在成为一种"教育口号……缺乏足够的概念阐述和操作实力"（第 2 页）。Smyth（1992）表示担心，反思是这样一个常识性概念，像"质量"和"卓越"一样，都是无可争议的概念（第 285 页）。此外，由于其普遍的吸引力，反思就会对所有人意味着全部意义，因此"就有可能被疏散了所有的意义"（第 285 页）。

Smyth（1992）提出：我们目睹了一种概念殖民化，在这里像反思这样的术语已成为使用教育术语中不可或缺的一部分，如果不用这术语，就有脱离教育主流的风险（第 286 页）。即使当时的体育界也存有担心，认为批评性思考正在成为"教师教育者所有理论说服力的灵丹妙药的补充"　（Martinez，1990，第 20 页）。1991 年，Hellison 和 Templin 也表达了类似的担心，声称反思教学已经成为教育界的热门话题。

在 20 世纪 90 年代初，Joe Kincheloe（1993）哀叹，反思已成为另一个能力测试型问题，以此对教师的表现做出判断。当反思简化为一系列程序时，教师的反思不仅仅是一种学习技能，还是更广泛能力的一部分。以这种方式来看，反思与其他技能技术（如课堂管理、规划和学生纪律）一样可以作为能力来展示。那么对实习教师的反思就是简单地、理性地确定他们目前的能力水平与所需的职业水平之间的差距。在这方面，与实际能力本身的价值或与意义有关的问题就不太可能被问及。

另一个趋势是随着许多国家（英国和美国的趋势）最近出现的举措制定了一套全国教师教育能力的标准。体育教育的重点无疑是自我评估、自我更新与个体教师自我监督，同时使用公开提交和评估的表现机制作为反思实践的证据（Macdonald 和 Tining，2003）。以个人的自我评估和自我更新为责任，这与教师的新自由主义价值观是一致的（参见Luke，2002；Macdonald，2011）。首先，它与自学的理想一致。然而，呈现在自学上的个人责任有所不同，Pinnegar 和 Hamilton（2009）认为：

> 自学研究中的自我，把研究者定位为特殊的探究者来制定该探究者与实践之间的关系，以及在实践中与其他参与者的关系。它也标志着谁负责做、理解、制定和改进实践。在这个立场上，探究者怀着 Dewey（1933）的主张：学者的观念是开放的、全心全意并且负责任的，因为这些工作的方向是学习、理解和采取这种研究所包含的"自我"的改进行动。（第 12 页）

反思实践：体育教育中看待和思考的方式

PETE 的本科教材对无处不在的术语使用和术语问题表现出了关心，把反思问题放在了成为（良好的）体育教师的中心位置，例如，*A reflective approach to teaching physical education*（Hellison 和 Templin，1991）和 *Becoming a physical education teacher*（Tining 等，2001）。此外，有一些清晰、明确的 PETE 项目围绕着重要反思展开（Ovens，2004）。但是我们知道，到目前为止教师教育者尝试通过批评性教学法向 PETE 学生介绍社会关键课程的一些想法和原则，而不是那些热情接受的（参见 Gore，1993；Tining，2002；Macdonald 和 Borko，1999）。如果没有学生对批评性反思的价值给予一定程度的情绪投入（一定的处置），教师教育的成功将是微不足道的。

我们也知道鼓励反思实践的结果是不可预知的。虽然说 Socrates 认为"未经审查的生活不值得一过"，但经过审查的生活并不是就没有问题了[①]。二十年前，O'Sullivan 等（1992）认为，体育教师是实践主义者，同年，Smyth（1992）表示担心，对许多教师最有吸引力的反思是基于实用主义——反思的技术形式。这种实用主义倾向于反思一个个人主义的过程，可以很容易缺少对更广泛的社会和结构对学习和教学影响的任何了解。这显然提高了一些自学研究成功性的可能。

Tsangaridou 和 O'Sullivan（1997，第 4 页）认为，在两个层面上思考反思是有用的："微观反思给予意义或影响日常实践，而宏观反思给予意义或随着时间的推移影响实践。"然而，在我看来，微观总是与宏观相关（即使相当遥远），这种区分也使得技术"反思"毫不含糊地合法化了。反思实践是比常见的反思教学或反思术语更广泛的概念。有区别是显而易见的。反思实践可以被认为有透镜功能，通过它可以查看所有的（微观和宏观的）教育和文化实践。

Feiman-Nemser（1990）认为，"反思性教师教育不是一个独特的范式重点，而是一般的职业配置"（第 221 页），可以通过不同的形式去发现不同的教师教育计划方向之间的差异。正如 Ovens（2004）博士论文中 PETE 计划提出反思实践概念揭示的，反思不是以一种离散的知识或技能形式获得的，而是制定情景语篇环境，就是个人所在的讨论社区的性质能促进不同形式的反思（参见 Ovens 和 Tining，2009，第 1130 页）。在我看来，对于教师教育者来说，自学讨论社区为发展提供了更自信的自我反思实践，提供了支持性的"空间"。

我被 Cherry Collins 的观点（2004，第 4 页）所吸引，他认为"反思实践的质量依赖概念和理论：观察的方式、教师可以接近的方式"。此外，这些"观察方式"将超越课堂，反思实践将比"教学法"更"适用"。

[①]　一个关于 PETE 世界的例子，参见 Davies-Davies 和 Sparkes（1999）。

Reflective ractive 也将把教育以及与教育有关的问题作为本质上的政治和社会结构的意识形态。在这个意义上，它是至关重要的。

正如我在其他地方所概述的（参见 Tining，2010），我的反思实践的概念是一种体现了社会学想象力的观察/思考的支撑（Mills，1970）。根据社会学家 Giddens（1994）的说法，社会学想象力首先需要从自己熟悉的日常生活中跳出来去"思考自己"，以便重新看待它们（第 18 页）。这种社会学想象力的发展，必须对自己的个人认知论进行一些反思。

根据 Hofer（2010）所述，个人认知论是个人的哲学，并反映了个人的认识论层面，反映了我们对知识和已知的思考，对实习教师来说，开始认识个人认知论对教师的教学也是至关重要的。Brownlee 等（2011）在 *Personal epistemology and teacher education* 一书中，承认在教师教育中处理个人认知论的重要性，但他们没有提到自学社区的任何工作，似乎他们已经找到了他们以心理为导向的文学话语权，并忽视了自学。自学提供了一种追求自我知识的方式及其与实践的联系。

正如 Ovens 和 Fletcher（本书）指出的，自学能力提出了要更多地改进、更好地理解的愿望。我认为这个愿望至少与 Feiman－Nemser 称之为一般专业处置或与我所说的对反思实践的处理是表兄弟。但是如何在 PETE 计划中发展这种处置仍然是一个关键问题。此外，设置总是难以评估的，很难捕捉到时代精神！

自学中的反思、写作以及表现

重要的是，如果我们想更好地理解在实践中的自我（作为教师教育者），我们需要记住，这是实践者的自我体现（Ovens 和 Fletcher，本书）。然而，实施方式是教育中的一个具有挑战性的概念，并不是因为它很难被定义、被掌握。有一件事是肯定的，就是对实体的讨论给我们带来了主体性的话语身份。

澳大利亚教育家 Garth Boomer 曾经提出，如果"教师告诉学生他们是谁"，那么教师的身份/主体性就是至关重要的，而且试图理解自我的体现也是很重要的。此外，由于"实践者的政治身份越来越多"（Elliot，2001，第 99 页），身体（特别是身体活动）就成为体育的核心焦点，然后理解身体的学习形态如何形成一个人的身份和主体性（Gard，2006），以及它如何影响自我体现，因为实践的演示者对于体育教师教育者和体育教师而言同样重要。

重要的是，发展这种理解似乎需要某种形式的反思——一些实际的制定方式。但是，反思的过程可能是一个艰难的过程。在这方面，尽管还有其他的代表形式可以在追求自学方面进行调停，例如视觉和艺术模式（参见 Weber 和 MItchell，2004），或信息和通信技术（参见 Hoban，2004）。在我看来，自学中工作日记的中心地位不应该被低估。

看来，作为反思过程的一部分，教师教育者或教师需要经常保持某种形式的专业日记记录（参见 Holly，1984）或反思记录（Lyons 和 Friedus，2004），也许这需要记录和反思安排。因此，这种布置可能有助于制定"更多的、改进的、更好理解的"愿望（Ovens 和 Fletcher，本书）。也许在教学/教师教育世界中有两种人：喜欢保留专业日记/日志/文件夹的人，以及那些不喜欢这样做的人。Ash Casey（本书）坦白，他在他的专业杂志上写了大约 30 万字，这点可以确认他属于前者。另外有许多人写这样一本杂志就像"拔牙"。但是，写一些关于自己实践的感受和情感就是为了理解实践者自我体现所需要的一切吗？我不确定这个问题是否有答案，但我猜测这也是进入这个分析空间的一种方式。

不管这个问题的答案如何，我的（仍然是有限的）阅读自学表明除非自己参加了某种关于自我的实践和反思，否则人们不能放弃合法的自学要求。在这个意义上，反思的概念在所有的自学中都是隐含着的，那就是精神时代，是存在于自学中的时代精神。

结束了吗？

虽然宣称在自我学习中存在着时代精神，但说的不是什么新东西。而我想说的是反思一种核心原则，一种自学精神。

从这个简短的自学参与中，我提升了一些专业实践能力。自学名副其实，它需要有一个自我实践关系的反思设置，带着评判的优势和对公众的披露进行系统的探究。

　　在公开披露方面，在我看来，出版自学对体育教师教育者是更为适合的/相关的一种实践。在大多数情况下，现在的教师教育者需要研究和发表论文，这是大学任期的制度要求。所以，对于教师教育者而言，自学是一种完美的教学学术成果的体现（Boyer，1996）。然而，体育教师的平均情况是相当不同的，虽然可能有反思的期望，但没有发表文章的打算。

　　就像其他形式从业者的研究一样，自学有很大的可能性。一个人能否发现其他自学参与者的讨论社区是否有价值，取决于很多个人因素。就个人而言，我发现自己的参与对自我学习有些启发并令我耳目一新。它让我回到了自己行为研究的"那些天"，但也让我超越了这些日子。因为在如何更好地制定教师教育的批判性的教学复杂性方面，为我提供了新的见解。在我看来，在PETE社区，我们应该接纳自学、拥抱存在于其中的那种反思的时代精神。

参考文献

Boyer，E. (1996). Scholarship reconsidered to scholarship assessed. *Quest*，48(2)，129—140.

Brownlee，J.，Schraw，G.，& Berthelsen，D.（Eds.）.（2011）. *Personal epistemology and teacher education*. New York：Routledge.

Carr，W.，& Kemmis，S.（1986）. *Becoming critical*：*Knowing through action research*. Barcombe：Falmer Press.

Clandinin，D. J.，& Connelly，F. M.（2004）. Personal experience methods. In N. K. Denszin & Y. S. Lincoln（Eds.），*Handbook of qualitative research*（pp. 413—427）. Thousand Oaks：Sage.

Collins，C.（2004）. Envisaging a new education studies major：What are the core educational knowledges to be addressed in preservice teacher education? *Asia—Pacific Journal of Teacher Education*，32(3)，227—240.

Devis—Devis，J.，& Sparkes，A. C.（1999）. Burning the book：A biographical study of a pedagogically inspired identity crisis in physical

体育教师教育的自学研究 探索实践与理论之间的相互作用

education. *European Physical Education Review*,5(2),135—152.

Elliott,A. (2001). *Concepts of the self*. Oxford:Polity.

Feiman—Nemser, S. (1990). *Conceptual orientations in teacher education*. East Lansing:Michigan State University,National Centre for Research on Teacher Education.

Feldman,A. (2009). Making the self problematic:Data analysis and interpretation in self—study. In C. Lassonde, S. Galman, & C. Kosnik (Eds.),*Self—study research methodologies for teacher educators* (pp. 35—53). Rotterdam:Sense.

Feldman,A.,Paugh,P.,& Mills,G. (2004). Self—study through action research. In J. J. Loughran, M. L. Hamilton, V. K. LaBoskey, & T. Russell(Eds.), *International handbook of self—study of teaching and teacher education practices* (pp. 943—977). Dordrecht: Kluwer Academic Publishers.

Gard,M. (2006). *Men who dance:Aesthetics,athletics and the art of masculinity*. New York:Peter Lang.

Gee, J. (1990). *Social linguistics and literacies: Ideology in discourse*. London:Falmer Press.

Giddens,A. (1994). *Beyond left and right:The future of radical politics*. Cambridge,UK:Polity Press.

Goodson, I., & Walker, R. (1991). *Biography, identity, and schooling:Episodes in educational research*. London:Falmer Press.

Gore, J. (1993). *The struggle for pedagogies: Critical and feminist discourses as regimes of truth*. New York:Routledge.

Green, B. (Ed.). (2009). *Understanding and researching professional practice*. Rotterdam:Sense Publishers.

Grundy,S. (1987). *Curriculum:Product or praxis*. London:Falmer Press.

Hamilton,M.,& Pinnegar, S. (1998). Conclusion:The value and the promise of self—study. In M. L. Hamilton(Ed.),*Reconceptualizing teaching practice:Self—study in teacher education* (pp. 234—246).

London:Falmer Press.

Hellison,D. R. ,& Templin,T. J. (1991). *A reflective approach to teaching physical education*. Champaign:Human Kinetics.

Hoban, G. (2004). Using information and communication technologies for the self—study of teaching. In J. J. Loughran, M. L. Hamilton,V. K. LaBoskey,& T. Russell(Eds.),*International handbook of self—study of teaching and teacher education practices* (pp. 1039—1072). Dordrecht:Kluwer Academic Publishers.

Hodgkinson,H. L. (1957). Action research — A critique. *Journal of Educational Sociology*,31(4),137—153.

Hofer, B. (2010). Personal epistemology in Asia: Burgeoning research and future directions. *The Asia — Pacific Educational Researcher*,19(1),179—184.

Holly,M. —L. (1984). *Keeping a personal professional journal*. Geelong:Deakin University Press.

Kemmis, S. , & McTaggart, R. (1990). *The action research planner*. Geelong:Deakin University Press.

Kincheloe, J. (1993). *Toward a critical politics of teacher thinking*: Mapping the postmodern. Westport:Bergin and Garvey.

LaBoskey,V. (2004). The methodology of self — study and its theoretical underpinnings. In J. J. Loughran, M. L. Hamilton, V. K. LaBoskey,& T. Russell(Eds.),*International handbook of self—study of teaching and teacher education practices* (pp. 813—869). Dordrecht: Kluwer Academic Publishers.

Lassonde,C. ,Galman,S. , & Kosnik,C. (2009a). Introduction. In C. Lassonde, S. Galman, & C. Kosnik (Eds.), *Self — study research methodologies for teacher educators* (pp. xi—xvi). Rotterdam:Sense.

Lassonde,C. ,Galman,S. , & Kosnik,C. (Eds.). (2009b). *Self—study research methodologies for teacher educators*. Rotterdam:Sense.

Liston,D. , & Zeichner, K. (1987). Critical pedagogy and teacher education. *Journal of Education*,169(3),117—137.

Loughran, J. J. (2004). A history and context of self — study of teaching and teacher education practices. In J. J. Loughran, M. L. Hamilton, V. K. LaBoskey, & T. Russell(Eds.), *International handbook of self — study of teaching and teacher education practices* (pp. 7 — 39). Dordrecht: Kluwer.

Loughran, J. J. , Hamilton, M. L. , LaBoskey, V. K. , & Russell, T. (Eds.). (2004). *International handbook of self — study of teaching and teacher education practices*. Dordrecht: Kluwer.

Luke, A. (2002). Curriculum, ethics, meta — narrative: Teaching and learning beyond the nation. *Curriculum Perspectives*, 22(1), 49—55.

Lyons, N. , & Freidus, H. (2004). The reflective portfolio in self — study: Inquiring into and representing a knowledge of practice. In J. J. Loughran, M. L. Hamilton, V. K. LaBoskey, & T. Russell (Eds.), *International handbook of self — study of teaching and teacher education practices* (pp. 1073 — 1109). Dordrecht: Kluwer Academic Publishers.

Macdonald, D. (2011). Like a fi sh in water: Physical education policy and practice in the era of neoliberal globalization. *Quest*, 63(1), 36—45.

Macdonald, D. , & Brooker, R. (1999). Articulating a critical pedagogy in physical education teacher education. *Journal of Sport Pedagogy*, 5(1), 51—63.

Macdonald, D. , & Tinning, R. (2003). Reflective practice goes public: Reflection, governmentality and postmodernity. In A. Laker (Ed.), *The future of physical education* (pp. 82 — 102). London: Routledge.

Martinez, K. (1990). Critical reflections on critical reflection in teacher education. *The Journal of Teaching Practice*, 10(2), 20—28.

McCourt, F. (2005). *Teacher man: A memoir*. New York: Scribner Book Company.

McTaggart, R. (1991). *Action research: A short modern history*. Geelong: Deakin University Press.

Merleau — Ponty, M. (1968). *The visible and the invisible*. Evanston:Northwest University Press.

Miller,A. (1987). *For your own good:Hidden cruelty in child — rearing and the roots of violence*. London:Virago.

Mills,C. (1970). *The sociological imagination*. Harmondsworth: Penguin.

O' Sullivan, M. , Seidentop, D. , & Locke, L. (1992). Toward collegiality:Competing viewpoints among teacher educators. *Quest*, 22, 266—280.

Ovens,A. (2004). *The(Im)possibility of critical reflection:The lived experience of reflective practice in teacher education*. Unpublished PhD thesis, The University of Queensland, Brisbane, Australia.

Ovens,A. ,& Tinning,R. (2009). Reflection as situated practice:A memory—work study of lived experience in teacher education. *Teaching and Teacher Education*, 25,1125—1131.

Paugh,P. , & Robinson, P. (2009). Participatory research and self — study. In C. Lassonde,S. Galman,& C. Kosnik(Eds.),*Self—study research methodologies for teacher educators* (pp. 87—107). Rotterdam:Sense.

Pinnegar,S. ,& Hamilton,M. L. (2009). *Self—study of practice as a genre of qualitative research*. Dordrecht:Springer.

Polanyi,M. (1958). *Personal knowledge:Towards a post—critical philosophy*. London:Routledge.

Richardson, V. (Ed.). (2001). *Handbook of research on teaching* (4th ed.). Washington,DC:American Educational Research Association.

Samaras,A. P. ,& Freese,A. R. (2009). Looking back and looking forward:An historical overview of the self — study school. In C. A. Lassonde, S. Galman, & C. Kosnik (Eds.), *Self — study research methodologies for teacher educators*(pp. 3—19). Rotterdam:Sense.

Samaras,A. P. ,Hicks,M. A. ,& Berger,J. G. (2004). Self—study through personal history. In J. J. Loughran, M. L. Hamilton, V. K.

LaBoskey,& T. Russell(Eds.),*International handbook of self—study of teaching and teacher education practices*(pp. 905—942). Dordrecht: Kluwer Academic Publishers.

Smyth,J. (1992). Teachers' work and the politics of reflection. *American Educational Research Journal*,29(2),267—300.

Standal,O. , & Engelsrud,G. (2013). Researching embodiment in movement contexts: A phenomenological approach. *Sport, Education and Society*, 18(2),154—166.

Storr,W. (2013). *The heretics: Adventures with the enemies of science*. London:Picador.

Tinning,R. (1987a). *Improving teaching in physical education*. Geelong:Deakin University Press.

Tinning,R. (1987b). Beyond the development of a utilitarian teaching perspective: An Australian case study of action research in teacher preparation. In G. Barrette et al. (Eds.), *Myths, models and methods in sport pedagogy*. Champaign:Human Kinetics.

Tinning,R. (1992). Reading action research: Notes on knowledge and human interest. *Quest*,44(1),1—15.

Tinning,R. (1995). We have ways of making you think. Or do we? Reflections on'training' in reflective teaching. In C. Paré(Ed.),*Better teaching in physical education? Think about it*! (pp. 21 — 52) Proceedings of the international seminar on training of teachers in reflective practice in physical education. Trois — Rivières, Canada: Université du Quebéc à,Trois—Rivières Press.

Tinning,R. (1997). *Pedagogies for physical education:Pauline's story*. Geelong:Deakin University Press.

Tinning,R. (2002). Towards a'modest' pedagogy: Reflections on the problematics of critical pedagogy. *Quest*, 54(3),224—241.

Tinning, R. (2010). *Pedagogy and human movement: Theory, practice,research*. Oxon:Routledge.

Tinning,R. , & Fitzpatrick,K. (2012). Thinking about research frameworks. In K. Armour & D. Macdonald(Eds.), *Research methods in physical education and youth sport*. London: Routledge.

Tinning, R. , Macdonald, D. , Wright, J. , & Hickey, C. (2001). *Becoming a physical education teacher: Contemporary and enduring issues*. Melbourne: Prentice Hall.

Tsangaridou, N. , & O'Sullivan, M. (1997). The role of reflection in shaping physical education teachers' educational values and practices. *Journal of Teaching in Physical Education*, 17, 2—25.

Weber, S. , & Mitchell, C. (2004). Visual artistic modes of representation for self—study. In J. J. Loughran, M. L. Hamilton, V. K. LaBoskey, & T. Russell(Eds.), *International handbook of self — study of teaching and teacher education practices* (pp. 979 — 1039). Dordrecht: Kluwer Academic Publishers.

Young, J. R. , Erickson, L. B. , & Pinnegar, S. (Eds.). (2012). *Proceedings from: The ninth international conference on self — study of teacher education practices*. Provo: Brigham Young University Press.

Zeichner, K. M. , & Noffke, S. E. (2001). Practitioner research. In V. Richardson(Ed.), *Handbook of research on teaching* (4th ed. , pp. 298 — 330). Washington, DC: American Educational Research Association.

体育教师教育的自学研究   探索实践与理论之间的相互作用

我们应走向何处：发展 PETE 教育学，
并在体育和师资教育中使用自学

玛丽·奥·沙利文（Mary O' Sullivan）

介绍

体育教师教育（PETE）研究领域正处于困境当中。PETE 的研究近年来并没有什么进展，这不是一个正常的现象。我希望这篇文章可以引起我们思考如何促进教师教育研究的更多关注，以及思考教师应如何更好地支持对教学的学习。目前，许多体育教育学研究人员更侧重于建立研究事业，以新媒体的教学法如何影响年轻人对运动和体育活动的理解和参与展开研究。对于早期职业学院来说，这是一个普遍的关注点。还有一小部分学者对体育教师专业发展感兴趣（Armour 和 yelling，2004；Parker 等，2012），但这项研究不是本文的重点。本文只是讨论教师教育。这个重点并不能说明上述提到的研究课题对于体育教育不重要，实际情况刚好相反，它们很重要。

然而，我们还需要更多的研究方案，重点要放在现代化学校和社会所面临的挑战上。准备培养体育师资的 PETE 的研究发展步伐尚不能克服教师教育者在学校或高等院校所面临的挑战，或帮助下一代教师学会教学，或支持并促进他们成为终身学习者。我希望我与其他作者，能够一道鼓励更多的在日益复杂和具有挑战性的教育环境中仍在关注 PETE 研究的体育教师和教师教育者们。

玛丽·奥·沙利文（Mary O'Sullivan）

利默里克大学，爱尔兰

邮箱：mary. osullivan@ul. ie

PETE 专业学习的证据基础需要增长。在芬兰举办的关于体育教育的专家研讨会（O'Sullivan，2013）的演讲中，我在过去四年中完成了我们领域三个主要英语期刊（*Journal of Teaching in Physical Education*，*Sport*，*Education*，*and Society*，以及 *Physical Education and Sport Pedagogy*）的短期（非科学）分析。在寻找现代的 PETE 研究时，我沮丧地发现，400 多篇文章中只有不到 10％被归类为 PETE 的研究。我的分析补充了 Kulinna 等（2009）对运动教育学十年的文献回顾，并且我发现在全球范围的英语期刊上发表的体育教育学研究文章与 PETE 相关的不到 15％（1996—2005）。

因此，应该感谢编辑本书的 Alan 和 Tim，他们重点关注自学方法在探索现代 PETE 实践和体育教师教育者理解中的必要性和相关性。本文是 PETE 文学的重要补充。这些章节证明了一个对 PETE 充满激情的教师教育者队伍，分享他们的理解和成果，改善他们在实践中对教师教育学生的支持。

作者对教师教育研究的兴趣反映了全球总评教师教育的状况。例如，欧盟委员会（European Commission，2012）呼吁更多关于教师教育者的研究，以确保他们具有多样性和能力，以应对不断变化的时代和学生对学业的期望。英国教育研究协会（British Education Research Association，2013）强调了对教师教育状况的关注，并正在对教育研究与教师教育之间的关系进行重大调查。荷兰人在教师教育方面有悠久的研究历史，Fred Korthagen 在反思实践方面的论述对于一些 PETE 学者的著作（Korthagen 等，2006；Tsangaridou 和 O'Sullivan，1997）都有影响。荷兰大学支持教师教育者的区域被称为"专业网络"，为教师教育者提供专业发展支持，并推动高质量的师资教育。我们可以从他们的努力中学到很多东西。例如，佛兰德老师教育协会（VELOV）为教师教育者（广泛定义）提供专业发展计划，安特卫普网络（ELANT）负责创建"教师教育者的档案"（VELOV，2012），成为教师教育者进行职业发展的工具。他们将这个档案描述为：

> 为教师教育和教师教育者专业发展的监督工作提供坚实的基础和共同语言。初级教师教育者可以将其作为建立初始阶段的手段，经验丰富的教师教育者可以用它来确定他们希望进一

步发展的领域（VELOV，2012，第 6 页）。

这些努力特别要求建立且进一步发展有组织的专业教师队伍和网络，加强专业认同，确保职业在社会和专业对话中的充分代表性。我很乐意看到这样的对教师教育和教师教育者的关注。本文中教师教育者的工作重点是挖掘当代 PETE 研究基地的自学潜力，并希望能激励其他体育教育者学习 PETE 实践，并建立一个融合实践和学术的社区（Kitchen 等，2008，第 161 页）。在本文的之后我将分享一个有潜力的 PETE 研究议程，思考不同的自学研究设计对议程产生哪些不同的效果。在本文的其余部分，我将做以下几点：

1. 分享我自己阅读自学章节和自学文献的一些见解；

2. 分享一些我对当代教师教育和 PETE 研究的看法和思考；

3. 介绍当代 PETE 的未来研究议程，希望有读者能够迎接这些挑战。

一些见解

为了巩固 PETE 的政策和实践发展，有必要在不断变化的高等教育前景中进一步发展 PETE 和体育教师教育者知识基础。需要对 PETE 课程和教师教育者的工作进行更多的探索和理论研究，包括学校导师、大学导师和预备教师。作者在整篇文章的叙述中强调了教师教育的复杂性，并将实践和背景与当代学生的需求和兴趣相统一。这些章节突出了教师教育实践和计划的研究价值，更好地体现了当代教育未来实践的重塑。PETE 研究补充了课堂自学文献发现的许多不足之处（Donche 和 van Petegem，2011）。

作者提出的叙述表明自学至少在三个方面是宝贵的研究工具。这有助于教师教育者提高自己的能力，因为教育者可以对教师教育的教学进行实验，并提供探索 PETE 计划目标如何适应目的的空间。下面我将简要地介绍这些。

自我的研究：成为教师教育者，做教师教育

教师教育有一个知识基础（Cochran-Smith 等，2008）。Casey 和

Attard（早期职业学者）和 MacPhail（有经验的教师教育家）所写的章节强有力地说明了自学如何让教师教育者能够开发出他们的知识基础和所需的技能，作为教师教育者，系统地关注实践提供产生知识的机会，以便告知这些实践的本质，有可能将自己及其部门的未来实践重新定义。

自我学习过程（通过反思日记和与同事的电子邮件）为 Casey 和 Attard（成功的中学教师）提供了空间，帮助他们过渡到新任教师教育者。他们指出，他们对于一级和二级教学责任所需的实质不同的知识、技能和能力没有充分的准备（欧盟委员会，2012）。不幸的是，他们的故事太常见了。大部分出版的自学文献提供了新任教师教育者寻求同事们共同投入学习和做教师教育的例子（Casey 和 Fletcher，2012；Elliott-Johns 和 Tidwell，2013；Kitchen 等，2008）。应该关注的是，准备如此之少只是对这么多新任教师教育者培训的一部分，招聘过程似乎没有这样的知识基础和经验作为该职位的主要标准。稍后我会再讨论关于教师教育自学的问题。

MacPhail 的博士研究不是教师教育领域，但她认为自学过程使她更好地了解自己的教师教育者实践，并且与经验丰富的教师教育者一起在发展她的教师教育技能中体会到社区实践的价值。本文针对部门领导人介绍了关于建立新聘教师教育工作能力的正式和非正式战略的必要性。这些领导人如何提供 PETE 计划所需的教学需求，并提高对成功的学术生涯的研究期望？自学研究集群能否支持这一努力？本书作者在这方面提供了一些积极的证据。

教师教育中的教育学代表

自学作为一种方法，可以成为探索教师教育的教育学代表。教育学代表采用我们在教师教育中使用的最佳实践，并更深入地了解什么使他们聪明，什么使他们有缺陷（Falk，2006，第 76 页）。四位作家（Bruce、Forgasz、Garbett 和 Cameron）都展现了自学在探讨教师教育的教学方法上的价值。Bruce 利用自学思考她的教师教育计划中的服务学习的有效性，以及使用这种教学法可以实现以前无法实现的功能。她发现，服务学习的可能性和局限性是反霸权的实践（Cipolle，2004）。

本书作者们还收录了戏剧、科学教育家的文章，以体现对新教师专业学习新价值的贡献。Forgasz 利用她的戏剧背景和对"身体智慧"的承诺，作为一种教学策略，帮助未来的老师了解和学习应对学校领导和支持变革的复杂性。她的学生在教学环境中写下并反映了他们的精神感受和身体感受。Forgasz 所说的"感觉"，如何反映感觉和自我认知，帮助这些老师了解学生的教学和潜在的学习挑战。Garbett 是一位科学教育家，她用经验和思考学习骑马作为一种教学手段，帮助她的科学教育学生学习教学。她用自学方法来批评这一策略的有效性。Gameron 使用评论自传的轻松学习方法（叙事日记、电子邮件专家教学课程）来了解如何以及为什么她作为教师教育者使用评议教学法会遭到一些学生的抵制，以及她如何通过社会正义教育学最好地解决他们的抵抗。

这些研究突出了当代教学法的特性，并探索如何更好地让预备教师应对教学的复杂性、知识的不确定性以及他们正在准备教导的年轻人不断变化的需求和兴趣。我们需要确定哪些教学法具有发展 Hargreaves 和 Fullan（2012）所指的教师的高效社会、情感和决定性资本的潜力，这些都是关键变量。我们需要研究这些教学法对预备教师以及 PETE 计划（如内容知识、教学内容知识、社会或决策性资本）的具体目标的好处。更多的规模研究和教师教育部门的研究项目将允许在语境和文化环境下对教师教育教学进行调查。这将针对项目目标和课程成果的教育学方法建立一个知识库。在本文后半部我将讨论教师教育的教育学代表。

分部的自学研究和实践社区

Ken Zeichner（2007）虽然倡导自学，但一直批评教师教育中的自学方法。他担心的是自学文献过于个人主义和内省的性质，并呼吁更大的样本量以及有可能改变个人以外的政策和实践的研究计划。Metzler 二十年来对 PETE 计划评估的集体/部门方式的承诺，如他在本书中的文章中所讨论的，是 PETE 研究纵向工作的罕见例证。Metzler 及其部门的同事在他们的教师教育计划过程中创造了大量学生知识、态度和教学实践的数据库。更重要的是，这些数据是部门层面个人和集体反思的基础，强调个人和集体对计划改进的承诺。在这项工作期间，Metzler 并没有明确说明这一承诺如何影响到他的部门的教师身份和教师教育能力，但它确实提出了一个有趣的研究问题。

通过系统的探索，他们讨论、创造和重塑他们对教师教育的愿景。它可以探索与他们合作的学校的价值观和技能以及毕业生的后续成果。Flemish 教师教育网络的早期工作，如 ELANT，使教师教育者能够让一组工作人员考虑其教学和计划愿景。它可以帮助他们保持知识的现代性和实践与需求预期的相关性（见 VELOV，2012）。以这种方式设想的自我学习的集体性质将包括与现场教师、其他研究人员和部门同事共同进行的研究实践，允许教师教育者建立联系（参见 MacPhail 和 Casey 的章节）。这样一来，便可以探索实践，并对假设进行评判和挑战（Cameron）。自学的进步将确保对实践以及参与的过程如何影响学习者进行更具评判性的讨论。

自学的局限性

在本节中，我简要探讨一些对自学问题的担忧。在欣赏研究传统教师教育中的好处及其作为教师教育转型过程潜力的同时，我也从自学文献的阅读中发现了问题，包括本书中的各章节。Alan 和 Tim 在其文章中为自学的好处提供了强有力的例子，而其他人则认识到作为和成为教师教育者的"变革潜力"（Kitchen 等，2008）。提出这些担忧并不意味着降低自主学习对教师教育的价值；相反，我希望加强其价值，作为对PETE 和教师教育挑战中日益增长的基础证据的一部分。

自学不能代替教师教育学科的正式准备

早些时候我注意到，在广泛的教师教育领域，存在着大量知识基础，并对主要实践领域的最新研究进行了全面回顾（见 Kirk 等，2008）。这些文献提供了教师应该知道的知识以及教学学习的首选设置，还有教学实践对于特定学习的有效证据（例如，教学多样性）以及什么样的经验可以更好地为哪些学校设置做好准备（Seidl，2007）。我们了解学校设置的格式和排序，以及与特定种类的合作关系能够带来怎样的更有效的结果（Moran 和 Clarke，2012）。

尽管这样的知识基础被太多的职业学院应用到 PETE 当中，来教育下一代教师，但是以对这种文学知识的了解作为博士生教育的一部分，他们获得的知识会很少。实际上对于一些人来说，他们的博士生学习的性质集中在一个具体的研究问题上，这可能与学校体育教师的教学无关。许多教师教育者成功进入学术界作为教师，他们一直是高校的二级教师，在获得研究生学位后，找到了与教师教育的学生合作的机会，并将研究生涯推向一个有吸引力的命题。欧盟委员会（2012）的报告指出：

> 教师教育者与教师不同，并且他们拥有部署具体工作的额外能力，使其与其他教学人员或学者分开。事实上，他们的能力与一级知识有关，即与特定学科领域有关的学校教育，而他也是二级知识即教师教育本身。教师作为成人学习者和相关教育者，同时也是自己和学生的知识组织者（第54页）。

大多数教师不赞成在工作中以教为先（英国）或为美国计划教学（美国）的观点。然而，在许多高等教育机构中，我们允许教师教育者在工作中学习他们的专业知识。高级领导层是否相信这种学习能够/应该在工作上适当地进行？对教师教育知识基础的合理性有什么看法？在教师教育的基础上，自学是否提供了探索存在和成为教师教育者的理解的空间，但不应被理解为可以替代对现有教师教育知识库的研究。

包容或排斥：我也可以这样做吗？

前几篇的自学实例显示了作者与员工导师（无论是有经验的还是具有更多的教师教育专长的高级人员）互动的明显好处。但那些没有在这样的社区部门内从事自学的工作人员，那些没有被邀请参与这些自学小组的工作人员，对计划凝聚力有影响吗？那些没有被邀请参加的人（或不能够或不愿意参加的人）可能会越来越多地与同事产生隔离吗？我无法找到解决这个问题的办法。如果部门自学团体内的工作人员有影响力，那么小组内部和外部的动态力量是什么？员工是否有排他性或隔离的可能？在正式场合或非正式团体中，自学社区的成员必须对这些问题有一定程度的敏感性，但我无法找到解决自学实践社区对部门人员的影响的办法。在我看来，这个问题不能低估，值得探讨。

更广阔景观中的自学

本书的作者对教师教育工作的投入程度是显而易见的。每个人都以自己的方式，用越来越多的时间加强学术环境中的思考、理解和改进他们的实践。他们创造了空间来讨论（如果不是询问）和感受他们成为教师教育者过程中或之后的经验和感受。他们的分析是情境化的，因为他们侧重于教学对学生和自己的学习的影响。

我期待更多的关于课程内容、对学生专业学习的评估，或与学校和学校导师的接触是否受到外部因素影响（积极或消极）的内容。换一种说法，想知道国家和国家政策如何影响教师教育者的日常实践。我没有找到这个分析。自学计划可以或应该考虑这样的分析吗？虽然近年来教师教育在许多国家受到焦点式的关注，其中大部分是由于这个错误的原因（Furlong，2013），这里报告的自学工作大多没有说明经济或教育政策是否影响到（或没有影响到）他们的工作。这些政策可能在微观层面（部门之内）、中间层面（与其他科目的专家或大学跨部门）或宏观层面（国家认证参数或教师教育的资助和教育政策）产生作用。至于政策如何影响教师教育的实践和体育教师的生活，这方面的讨论几乎不存在。具有中间层面和宏观层面的自学研究，有助于更好地了解教师教育工作的完成以及增强和抑制这些工作的因素。

自学的增值需要更明显

教师教育是劳动密集型企业。除少数例外，对教师/学校/学区进行的实习教师指导只有很少或根本没有补偿。这种情况与健康职业的准备形成鲜明对比。在护理和疗法行业，临床导师与保健工作的培训人员在临床安置点上工作。卫生服务提供者为这些临床导师支付薪水。他们把医疗专业人员在其教学医院现场的培训视为地位标志。在其他资金模式中，医学院校将大部分的收入（学费/国家资金）分配给为临床辅导人员提供支持的教学医院，以及为员工的发展提供现场额外教学的顾问们。我们如何设想这些教师教育学生群体的自学研究项目为学校的教师和学生增加价值？芬兰的教育制度被全世界誉为榜样，支持"教学学校"，部分教师的工作就是对预备教师提供指导和支持（Salberg，2010）。协作式自学研究项目可以在促进学校和大学教师教育者队伍专业发展的同时为实习教师创造强大而有意义的学校设置，并为学生提供更好的学习成果吗？毕竟，Attard 在书中提到的自学研究的目的是

"挑衅、挑战和照亮"教师的教育实践（Bullough 和 Pinnegar，2001，第 20 页）

自学研究支持 PETE 议程的未来可能性

自学的价值对本书的作者们来说是不容置疑的。这支持了 Zeichner（2007）认为自学作为一种方法论的重要性。在这篇文章中，Metzler 建议 PETE 的自学学术可以被公平地描述为：个人的、内省的、实践导向的和短期的。经验丰富的教师教育者展示了自学过程，他们与同事（同行和专家）一起思考、反思和讨论他们的实践。这些互动帮助他们更好地理解他们的工作角色、恰当的教师教育实践和教学法，能满足他们的期望，以及在各种学校环境中学习教学的学生的需求及期望。

自学研究必须以更广泛的形式吸引其他人，从而提供可以影响部门、区域和国家层面的政策和实践变化的附加价值。这可能包括完成更多纵向研究和跨项目的合作。Zeichner（2007）呼吁重新研究自己的实践，转变为交叉研究以寻找该领域的最佳模式。Metzler 及其部门同事的部门自学方法和工作的纵向性是这项工作的一个重要例子。PETE 需要更多的交叉项目去关注哪些和怎样的具体程序教学，如基于案例的教学（Meldrum，2011）可以产生关键的项目成果。

PETE 研究的这种方法要求进行新的自学设计。首先，PETE 可以受益于专注于体育教师准备中关键挑战的项目。这些将是跨项目的自学设计，要探究教学法如何运作及其目的。这些教学法（例如基于案例的学习、教学隐喻的使用、学校人种论）是特定专业领域的教学/学习的特征形式，并且是教学类型组织未来从业者接受其职业教育的基本方式（Shulman，2005）。Meldrum（2001）最近的一项 PETE 研究虽然仅限于一个项目，但它是研究教育学附加值的一个很好的例子，研究了基于问题的学习如何为前瞻性体育教师准备一个不确定的未来。在本书中，Metzler 详细介绍了一个部门的研究，旨在探索学生的学习成果的性质，其中一些人经历过微观教学，而其他人有学校的实习经验。教师教育的其他方面将受益于跨机构和跨国合作研究项目。自学的方法可以让我们看到关键的教学方法，可以支持教师教育中重要的成果，如教学多样化的学习和对社会公正的教学成果。在 PETE 中，要研究的具体项目成果可能包括促进终生身体活动的教育学（参见 Harris，2013）或体育教育中社会情感学习的教学（Klemola 等，2013）。

自学方法适合的第二个研究计划是教师教育者社区承诺调查和挑战实践习惯，并允许在 PETE 中进行教学/学习环境的替代阅读。评判性自学方法的附加价值可以通过在教师教育者社区中参与调查部门政策和实践以及 PETE 计划目标来实现。在荷兰，高等教育机构支持专业网络的基础设施，使教师教育者参与专业发展。Flemmish 教师教育网络"ELANT"是一个很好的例子（VELOV，2012）。

这里要提到的最后一个例子是使用自学方法来建立体育教师教育者的知识库。谁是体育教师教育者，他们如何准备好支持预备体育教师的专业学习？他们的教育学代表是什么？他们的学习效果如何？Taylor 等（2013）报告了一项发展计划，描述了最初的教师教育课程教学实践的特点。这项研究可以特别参考体育教师教育。这项研究可以通过视频录像（跨越 PETE 课程）产生详细和分层的教学实践表现，开创了一种新的体育教师教育研究方法。

感谢本书作者们将重点放在教师教育的实践和研究上。如果本书内容在他们的教师教育中引起了自我学习的方法意识，并在 PETE 中产生了变革性教育学的潜力，那么这个努力是值得的。我感谢主编给我机会对 PETE 未来的这些可能性发表评论。

参考文献

Armour，K.，& Yelling，M.（2004）. Effective professional development for physical education teachers：The role of informal，collaborative learning. *Journal of Teaching in Physical Education*，26 (2)，177—200.

British Educational Research Association.（2013）. *Research and teacher education：The BERA inquiry*. London：BERA.

Bullough，R. V.，Jr.，& Pinnegar，S.（2001）. Guidelines for quality in autobiographical forms of self—study research. *Educational Researcher*，30(3)，13—21.

Casey,A. , & Fletcher, T. (2012). Trading places: From physical education teachers to teacher educators. *Journal of Teaching in Physical Education*,31(4),362—380.

Cipolle, S. (2004). Service learning as a counter — hegemonic practice: Evidence pro and con. *Multicultural Education*, 11 (3), 12—23.

Cochran — Smith, M. , Feiman — Nemser, S. , & McIntyre, J. (Eds.). (2008). *Handbook of research on teacher education*. New York: Routledge.

Donche, V. , & Van Petegem, P. (2011). Teacher educators' conceptions of learning to teach and related teaching strategies. *Research Papers in Education*,26(2),207—222.

Elliott—Johns, S. , & Tidwell, D. (2013). Different voices, many journeys: Explorations of the transformative nature of the self—study of teacher education practices. *Studying Teacher Education*, 9 (2), 91—95.

EU Commission. (2012). *Supporting the teaching professions for better learning outcomes*. Strasbourg: EU Commission.

Falk, B. (2006). A conversation with Lee Shulman — Signature pedagogies for teacher education: Defining our practices and rethinking our preparation. *The New Educator*, 2(1),73—82.

Furlong,J. (2013). Globalisation, neoliberalism, and the reform of teacher education in England. *The Educational Forum*,77(1),28—50.

Hargreaves, A. , & Fullan, M. (2012). *Professional capital: Transforming teaching in every school*. New York: Routledge.

Harris,J. (2013). Physical education teacher education students' knowledge, perceptions and experiences of promoting healthy, active lifestyles in secondary schools. *Physical Education and Sport Pedagogy*, iFirst. doi: 10. 1080/17408989. 2013. 769506.

Kitchen, J. , Ciuffetelli Parker, D. , & Gallagher, T. (2008). Authentic conversation as faculty development: Establishing a self —

study group in a faculty of education. *Studying Teacher Education*, 4 (2),157—171.

Klemola, U. , Heikinarro — Johansson, P. , & O'Sullivan, M. (2013). Physical education student teachers' perceptions of applying knowledge and skills about emotional understanding studied in PETE in a one — year teaching practicum. *Physical Education and Sport Pedagogy*,18(1),28—41.

Korthagen, F. , Loughran, J. , & Russell, T. (2006). Developing fundamental principles for teacher education programs and practices. *Teaching and Teacher Education*,22(8),1020—1041.

Kulinna,P. H. , Scrabis—Fletcher, K. , Kodish, S. , Phillips, S. , & Silverman, S. (2009). A decade of research literature in physical education pedagogy. *Journal of Teaching in Physical Education*, 28 (2),119—140.

Meldrum, K. (2011). Preparing pre — service physical education teachers for uncertain future(s):A scenario—based learning case study from Australia. *Physical Education and Sport Pedagogy*, 16(2),133—144.

Moran, A. , & Clarke, L. (2012). Back to the future: Do lessons from Finland point the way to a return to model schools for Northern Ireland? *European Journal of Teacher Education*, 35(3),275—288.

O'Sullivan,M. (2013,September). *Comparative and critical issues in the partnership model for PETE*. Keynote address at the AIESEP Specialist Seminar. University of Jyvaskyla,Finland.

Parker, M. , Patton, K. , & Tannehill, D. (2012). Mapping the landscape of communities of practice as professional development in Irish physical education. *Irish Educational Studies*,31(3),311—327.

Salberg,P. (2010). *Finnish lessons:What can the world learn from educational change in Finland?* New York:Teachers College Press.

Seidl, B. (2007). Working with communities to explore and personalize culturally relevant pedagogies: Push, double images, and raced talk. *Journal of Teacher Education*, 58(2),168—183.

Shulman, L. (2005). Signature pedagogies in the professions. *Daedalus*,134(3),52—59.

Taylor,P. G. , Low, E. L. , Lim, K. M. , & Hui, C. (2013). Making learning visible in initial teacher education: A pedagogical characterisation scheme. *Educational Research for Policy and Practice*,12(3),193—209.

Tsangaridou,N. ,& O'Sullivan,M. (1997). The role of reflection in shaping physical education teachers' educational values and practices. *Journal of Teaching in Physical Education*,17(1),2—25.

VELOV. (2012). *The Flemish teacher educator development profile*. Retrieved from www. velov. eu Zeichner, K. M. (2007). Accumulating knowledge across self — studies in teacher education. *Journal of Teacher Education*, 58(1),36—46.

关于体育自学可能性的思考

蒂姆·弗雷彻（Tim Fletcher）和
艾伦·欧文（Alan Ovens）

介绍

　　在这本书的结论部分，我们想要反思和批判体育教育领域自学的潜力。虽然 Tining 和 O'Sullivan 评论了自学在解决当代体育教育实践教学法中出现的各种问题，但在本文，我们想思考一下体育教师的自学如何对整体教学和教师教育实践有所贡献。这样做是想说明自学研究的影响远远超出了对进行该研究的个人以及对他们的工作方案和背景的影响。换句话说，我们认为自学研究为扩大对话、知识和对教学及教师教育实践的理解提供了宝贵的贡献（Clift，2004）。

　　我们相信共有五条线作为本书章节中的线索。

　　第一，我们意识到我们正在教导的世界发生了改变。在介绍章节中所讨论的"新时期"不仅使研究的理论和方法资源多样化，而且挑战者在研究人员，让他们在研究中发现意义，已做好了新的准备去挑战常规并沉浸在学习和研究中。

　　第二，每一章不仅仅是一个探究的项目，也是每位作者的观点和治疗法的经验叙述。研究文章不仅仅传达了每位作者特定文化环境的独特故事，而且通过自学，每位作者对自己的行为和言论的有效性有所了解，并使工作变得更有弹性，得到更多支持。

　　第三，这些文章从自由主义和激进的行动出发，反映了对人文主义和社会正义的承诺，作为沉浸和融入影响变革的理由。在每一篇文章中，作者都致力于自学，致力于改进实践以及对实践的理解。

蒂姆·弗雷彻(Tim Fletcher)

布洛克大学，加拿大

邮箱：tfletcher@brocku. ca

第四，这些文章将身体作为与共同参与创作的世界的理解和联系的媒介（macintyre 和 Buck，2007）。以这种方式进行研究使得研究者和学习者能够理解他们自己的想法和行为、他们自己的感觉和情绪，以及与他人的关系和联系。

最后一句话，以转型和专业学习为中心。在这个意义上，每次自学都不仅仅是一个反映教学的机制，它还延伸到一个可以用理论来削减或"分离"每一天的经验，在知识行动中，教师或教师教育者都是要变革的。本文中我们转而关注后三者。

制定行动政策

自学研究代表着对教师教育实践采取改进立场，即 Tining（1991，2002）认为的，教师教育中的"温和"形式的批判教育学，是试图干扰事务的。实践自学的本质意味着教师教育者排斥教学和师资教育想当然的假设，一心只承认教学实践的不确定性。自我分析者因此分享他们如何能够扰乱他们对实践的理解，以及他们寻求创造新的和有意义的教育方式时采取的政治立场。

每位作者教学和研究工作的核心是在教学和学习教学的同时为个人的转变提供更深入、更有见地和更有意义的理解（Loughran，2006）。这样做是期望已被改善的理解能对实习教师的教学学习经验产生积极影响。Casey 和 Metzler 通过使用模型的方法来提高他们对体育教学和学习的理解，这是 Kirk（2013）认为具有挑战性的"一刀切"的创新（第 2 页），通过让学生获得一系列不同的教育成果，从而形成体育教育。然而，正如 Casey 和 Metzler 所揭示的那样，在教师教育计划中实施模型的方法并不是在个人和方案层面上就没有挑战了。Forgasz 和 Korthagen 描述了如何将实施方式作为一种概念和方法来研究教学实践，可以更好地理解教学关系的性质和增加教学中存在的情感层面的理解。两位作者（至少对我们而言）提供了一个关于身体焦点如何改善的问题，我们作为读者，从根本层面与教师教育者所体会到的感觉和情绪的描述是不同的。MacPhail 描述了 PETE 部门的一个实践社区（CoP）的部分情况，并解释了 CoP 如何营造一个积极的气氛，以分享想法、观察和批评彼此的实践，以及识别和应对挑战。参与改进 CoP 的教师教育者如何单独思考和实践他们的实践，这很可能会提高实习教师的教学学习质量。

互动性

行为政治的微妙之处也表现在每个研究中建立的互动形式中。kelchtermans 和 Hamilton（2004）认为，"良好的自学学术不但涉及目前的合作，而且涉及那些我们重视的观点和想法，甚至于将他们的言论转换成我们自己分析、发现、解释和想法的系统的一部分"（第 786 页）。虽然本书中的每个章节都是由个人撰写的，但每个作品中都有明显的交互性和协作性。

例如，在 Metzler 报告的自我研究的元分析中，交互性和协作性涉及几组参与者：佐治亚州立大学（Georgia State University，GSU）PETE 课程的教师教育者和学生、计划毕业生、基于实地的合作（或相关）教师、K-12 学生和其他机构的研究合作者。这种交互性水平强调了制度/程序化的自学研究所具有的价值，因为它们能够对一个计划中教师教育实践的"影响"提出多个观点，有助于解决一些利益相关者（特别是决策者）关心的问题（Craig，2009）。在其他文章中，评判的朋友提供了教师教育者—研究人员互动的来源。例如，Cameron 与几个学者进行了交谈，他们通过挑战、分享经验，并找到了有效地讲授评判议程的方法，以及"处理"他们面临的个人和专业的斗争分享类似的信念和立场（即批判教育学）。Ovens、Casey 和 Brown 也与评议的朋友一起工作，他们可以讨论各自的问题、实践，或者让他们观察课堂教学，提供反馈和批评。在这种情况下，教师可以相互提供帮助，研究人员能质疑和重塑教学实践的理解和经验，使新的观点得到考虑（Bullough 和 Pinnegar，2001）。

在一些文章中，交互性被深深地掩藏起来。例如，虽然 Attard 描述了他早期作为教师时与评议朋友的交往，但是他的大部分初步互动来自他与自己的对话日记。这种形式的对话不仅允许公开和不可预测的话语，而且作为档案被观看和重新分析时（Ham 和 Kane，2004），它可以提供持续的重构思想和实践的新数据源。教师教育中其他人的自学价值在于研究者分享了所面临的挑战、暴露的脆弱性和问题（Samaras 和

Freese, 2009)。因此, 揭露和解决问题就是强大自学研究的本质。

身体是感知意义的一种媒介

我们希望引起人们注意的第二条是这些自学研究的本质体现。特别是这些教师教育者通过情感维度与教学本质相联系。Zembylas (2003), Labaree (2004), Van Veen 和 Lasky (2005) 都提出了相当明显但相对不足的观察。因为教学的本质涉及人类的相互作用 (或关系发展), 必然涉及情感层面。情绪是促进有意义的学习的关键。Labaree (2004) 提出, 学生与教师的情感联系可能是鼓励学习的最有力工具。此后, kelchtermans 和 Hamilton (2004) 认为, 需要更多强调他们作为教师知识一部分的 "情感流" (第 785 页)。这样的强调不仅需要考虑情感经历, 还要认识到教学的课程和其他结构特征是如何形成情感体验的 (Hargreaves, 2001)。尽管认识到情感在教学中的核心地位, 以及在过去二十年中增加的对情感教学的研究, 它仍然是一个相对不足的研究领域。因此, 我们对情感在教学中的作用的理解有限 (Akinbode, 2013)。然而, 本书中的文章表明, 自学可以作为一个强大的方法来探索情感教学。

通过致力于探索情感, kelchtermans 和 Hamilton (2004) 断言, 研究人员不能 "忽视教和学的体现性" (第 800 页)。情感是可感知的, 它们真实存在。Forgasz 支持这种论断, 并表明体育教育 (以及戏剧和各种形式的表演艺术) 的动机性质使其成为适当环境, 通过自学探索教学实践, 体现认识方式。Forgasz 描述的是一个与母亲的互动, 讨论她的心脏跳动速度会在工作晋升之前如何变化。Forgasz 向她的母亲描述, "这是你的身体告诉你那一刻感觉的方式"。我们相信大多数读者可以与他们心中的感觉 (我们当然可以) 相关联, 并可以回忆一些附加到体验中的情感, 如恐惧、兴奋、欲望或焦虑。更重要的是, 这些描述可以捕捉到一些东西, 使大多数读者可以轻松地体会和体验, 我们建议加强自学者的能力, 以有意义的方式分享他们的工作。

从本书中的文章可以看出, 大多数教师认为自学情感是显而易见的。情感通过作者报告的感觉揭示出来, 例如脆弱、不确定、失望或兴奋。其中一些情况是由于进行自学而发生的。也就是说, 自学使作者更能够意识到自己的情绪，而其他人则使用他们的情感识别技能来推动他们的自我学习。在 Garbett、Cameron、Bruce、Ovens 和 Brown 的自我研究中都体现了对教学和学习情境的情感反应。所揭示的情感就像提供了一个镜头，通过它可以观察到每个作者对身份的感觉（Van Veen 和 Lasky，2005）。因此，我们可以更好地了解谁是教师教育者，以及他们对自我的理解是怎样驱动他们工作的。

几位作者提供了他们具体的教学和学习情况的情感反应。例如，就像其他人在其他场合运用自学那样（Bell 等，2010；Skerrett，2008），Cameron 描述了她感受到的特定情感，并且向一些实习教师对批判教育学的抵制做出回应，她的态度和实践方法很好地捕捉了她的身份，并帮助她明确了学生的身份。Bruce 对摇摇欲坠的感觉的描述同样强调了她自己的观察、认知，以及在颁布教学实践的方式受到干扰时所感受到的情感。在每种情况下，情感是由于在教学中发生的关系和互动而形成的。Garbett 还回忆起了各种情感，因为她学会了骑马（从沮丧到兴奋），特别是她如何使用她对这些情感做出的解释来获得对教学实践的洞察力。Garbett 指出，自学提供了一个发现"我的身体已成为感知一名教师教育者的意义的媒介"。她所经历的情感也使她能够更好地了解到实习教师在学习教学的新技能时所感受到的一些感觉和情感。重要的是，Garbett 还承认新教师需要时间和空间来讨论这些感觉和情感。因此，自学过程使 Garbett 能够获得对学生的亲近感，但也使她认识到进行教学（通过运动）和作为一个老师之间的差异。这些研究提供了不同的方式，通过这些方式情感可以更好地理解自我和实践。与其他在教师教育中注意情感领域的人一样，在每种情况下，作者描述了对情感的关注能够更深入地理解如何发挥关系和互动（与学生、同事、教师和文本）才可以发展教师教育教学（Garbett 和 Ovens，2012；kelchtermans 和 Hamilton，2004；Ritter，2011）。

情感在本文中也占据了一个中心角色，它们在两个方面是显而易见的。首先，像 Garbett 和 Cameron 一样，Ovens 描述了他在同伴教学中作为教师教育者的情感。通过将探究焦点转向自己，Ovens 发现，同伴教学导致他在教师教育中感到"迷失方向"和"无聊"，结果使他对教学的满意度降低了。尽管人们对教学作用的满意度对保持积极性和致力于他们的工作是至关重要的（kelchtermans 和 Hamilton，2004），但自学使 Ovens 认识到，他在教学生涯中经历的很多满足来自传播式的教学方法，他可以控制与学生的对话和行动。然而，重构他的教育学使他在教学中获得的满足（注重通过批判性方法支持学生学习），让 Ovens 从他的实践中获得了一种新的满意感。第二种情绪在 Ovens 的文章中是显而易见的，来自他的班级实习教师的角度。实习教师所描述的情感是扰乱他对同伴教学经验的真实性假设的突出特征，以及实习教师在教导同伴时所面临的脆弱性。观察到学生之间的紧张情绪（通过情绪体现）会影响同伴教学过程，所以 Ovens 承认需要考虑实习教师在教师教育课堂内外的现有的关系。虽然师资教育者经常竭力培养积极的师生关系，并对这一方面的实践进行建模（Bullock，2012；Cole，1999），但还必须认识到学生与学生之间的关系，要考虑到教师教育者可能成为良好学习社区中的成员的方式。然而，这里要考虑的重要一点是，已建立的社区可能不是一致的或是积极的，这对于实习教师如何在这些环境中学习教学具有一定的影响。

本书中的几篇文章可以同时提供进行自学研究动力和期望的方式（即通过识别情感或对情感的反应，并寻求进一步了解这种情感的原因或因素，以及对实践的影响），通过自学过程更深入地了解教学和学习。因此，通过承认情感在自学研究中发挥的作用，教师和教师教育者提供了一种个人和专业的"自我发展"的手段（Zembylas，2003），并且创造了更深刻的实践理解。

转型和专业学习

自学研究被认为是教师和教师教育者长期从事可持续的专业学习和发展形式的方式（Dinkelman，2003）。虽然对持续的专业发展（Continuing Professional Development，CPD）"有效"的性质和特征所进行的广泛讨论超出了本文的范围，但我们发现 Day 和 Sachs（2004）提供的框架有助于思考当代对 CPD 的看法。他们认为 CPD 需要为教师和教师教育者提供相互的机会来建立他们可能没有的知识（赤字模型），同时改进已经发挥作用的实践形式（一个理想模式）。因此，要鼓励从业者参与 CPD。然而，Loughran 和 Northfield（1998）认为自学符合这些标准，因为它鼓励针对专业学习产生的想法和知识进行的广泛交流，是自学社区创造的文化的一部分。Tining 所强调的分享理念是把自学与其他实践者研究社区分开。

　　教师教育者在职业生涯初期的专业学习和发展，代表了文献中不断增长的探究路线（参见 Bullock，2009；Casey 和 Fletcher，2012；Dinkelman 等，2006；Ritter，2010；Zeichner，2005），这个焦点在本书几篇文章中是显而易见的。例如，Attard、MacPhail 和 Casey 的文章支持这样的说法，即许多初级教师教育者的经验几乎没有系统的专业学习和发展的形式（Murray 和 Male，2005），但重要的是，两者也显示了强大的专业学习能力。

　　Attard 描述了他如何能够使用反思方法进行自学，以个人和合作的方式从事可持续的专业学习形式。这个过程的价值在于，Attard 的自学合作团队的一位参与者说反思性自学是"他经历过的最好的职业发展类型"。Attard 的反思性自学作为一种专业发展的形式如此强大的原因是，它与自己和其他参与者的需求直接相关。自学过程允许参与者探索他们过去就认为是肯定会改变的问题，而不是由外部来源确定的问题。根据 Attard 和其他人（参见 Armour，2007；Boal，2004；Duncombeand 和 Armour，2004）的描述，教师专业发展往往被决策者从他们认为重要的教师问题的个人相关因素中去除，并且在忽视了教学的高度语境性的情况下进行。有点讽刺的是，教师教育者很少得到任何形式的专业发展（连无效的形式都没有），而且他们的职业角色仍然是为了生存而奋斗，就和许多被他们教导的预备教师一样。然而，Attard 提出了一个令人信服的观点，他认为自学价值是针对预备教师的需求。

　　几篇文章中显而易见的另一个方面涉及教师的聘用，他们承担着教育教师的任务。虽然招聘教师教育工作者是因为他们的研究生资格、研究背景或示范性学校的教学实践，但这都是假设这些被招聘的人员可以很容易地在教师教育中显示示范性实践。因此，这样的假设限制了向教师教育者提供的指导、归纳和专业发展机会（Williams 等，2012）。例如，尽管作为一个成功的高校教师，并为他的学校创新教学实践获得了荣誉，Casey 说他仍可以感觉到"技能退化"

（Murray 和 Male，2005），因为他意识到，他的创新实践方法不容易转移到预备教师教育的背景下。不幸的是，当考虑从其他教师向教师教育者的身份过渡时，Casey 的故事太熟悉了（Borko，2009；Williams 和 Ritter，2010；Zeichner，2005）。以 Casey 和 Brown 的自学为例，那种认为教师可以很容易地过渡到教师教育者的假设继续存在，尽管体制文化、学习者的年龄和成熟度发生了重大变化，最重要的是教师的教学方法和内容也都有了很大变化。但是当受表扬的教师教育个人认识到要大力改变自己的实践时，可能会影响他们的自尊心、个人价值以及教学动机。

MacPhil 作为教师教育者的专业学习是以她参与 PETE、CoP 的形式描述的。其他自学研究者已经描述了教师教育者的协作式专业学习的好处（Bell 等，2010；Gallayher 等，2011；Kosnik 等，2011；Pennington 等，2012），尽管其他人并不一定采用 MacPhil 情景学习的概念要素和 CoP 进行学习（Lave 和 Wenger，1991；Wenger，1998）。自学给 MacPhil 提供了更深入地了解她的经历的本质以及她参与 CoP 对她的理解和制定教师教育实践的影响的机会。MacPhail 把在她工作的前三年中的教师教育经历，她的部门的同事没有和她分享共同的兴趣或目标，以改善自己的实践或学生的教学经验的情况，与在促进共同合作的 CoP 的新同事的到来之后，合作协调机构，旨在改善个人和整个团体对教学和学习的理解做了比较。

Casey 和 MacPhail 所描述的结果是为新的教师教育者提供指导和归纳机会的重要性。这种机会意味着新的部门同事至少向其机构和学院提供了一些半结构化的归纳和指导，避免了这么多新的教师教育者"下沉或游泳"的经历（Murray 和 Male，2005）。MacPhail 的章节还提到在合作设置（例如 CoP）中进行的指导和归纳可以为部门的其他成员带来好处，因为他们正在从事专业学习。Fletcher（2012）等人的合作指导经验也强调了这一点。此外，对初级教师教育者来说，自学给他们提供了发展教学实践和学术的机会，因为它鼓励教师教育者更广泛地分享他们在教育研究界的经验。由于当前强调在大学部门之间的研究的传播，因此，为新的教师教育者提供同时关注教学和学术的手段，可使他们进一步感觉到在大学社区的充分参与。

结论

本书中所展示的自学研究内容强调了在实践的时刻用于探索自我边缘方法的丰富多样性。这种努力的力量不在于得到了单一的、统一的结论，而在于体育教师教育者正在研究无数个实践的实施方式，以改善学生的学习成果。总而言之，我们在介绍性文章中提出的一个概念值得回顾。我们提出了以下几点：当自学被视为一个临时合理的项目时，它不仅仅是一套技术，或是耐心的练习、智力的应用或证据的积累，它与这些品质一起评价了通过感觉、知觉、思考和以想象力来行动的能力，以便开辟更有用的解释可能性。总而言之，我们认为本章编纂的自我研究是强有力的学术案例，不仅提供了证据和严格的分析，还被更多的传统解释研究认为是可接受的，因为在教学实践中有人性化的反思和个性的描述。因此，这些事例并不意味着被视为持久存在的问题或问题的具体解决方案；它们是具体行动在特定地点、特定时刻的主观抓拍。每位作者描述了他们在实践中遇到的挑战，重要的是，他们分享了他们的生活经验、感觉、情感、疑虑、喜悦、困难和沮丧，他们尝试着做出个人和专业的改进。在分享这些经验和他们对经验的解释时，他们寻求什么样的教学更好，以及它是如何做到的。如果学术的目的是为知识创造和辩论提供一个平台，那么我们鼓励读者采纳前几篇文章中的内容，并分享他们在自学中对学术和实践的理解。

参考文献

Akinbode，A.（2013）.Teaching as lived experience：The value of exploring the hidden and emotional side of teaching through reflective narratives. *Studying Teacher Education*，9（1），62—73.

Armour，K. M.，& Duncombe，R.（2004）.Teachers' continuing professional development in primary physical education：Lessons from present and past to inform the future. *Physical Education and Sport Pedagogy*，9（1），3—21.

Armour，K. M.，& Yelling，M.（2007）.Effective professional

development for physical education teachers: The role of informal, collaborative learning. *Journal of Teaching in Physical Education*, 26 (2), 177—200.

Bair, M. A., Bair, D. E., Mader, C. E., Hipp, S., & Hakim, E. (2010). Faculty emotions: A selfstudy of teacher educators. *Studying Teacher Education*, 6 (1), 95—111.

Borko, H. (2004). Professional development and teacher learning: Mapping the terrain. *Educational Researcher*, 33 (8), 3—15.

Bullock, S. M. (2009). Learning to think like a teacher educator: Making the substantive and syntactic structures of teaching explicit through self—study. *Teachers and Teaching: Theory and Practice*, 15 (2), 291—304.

Bullock, S. M. (2012). Creating a space for the development of professional knowledge: A selfstudy of supervising teacher candidates during practicum placements. *Studying Teacher Education*, 8 (2), 143—156.

Bullough, R. V., Jr., & Pinnegar, S. (2001). Guidelines for quality in autobiographical forms of self—study research. *Educational Researcher*, 30 (3), 13—21.

Casey, A., & Fletcher, T. (2012). Trading places: From physical education teachers to teacher educators. *Journal of Teaching in Physical Education*, 31 (4), 362—380.

Clift, R. T. (2004). Self—study research in the context of teacher education programs. In J. J. Loughran, M. L. Hamilton, V. K. LaBoskey, & T. Russell (Eds.), *International handbook of self—study of teaching and teacher education practices* (pp. 1333—1366). Dordrecht: Kluwer.

Cochran—Smith, M., & Lytle, S. (1999). Relationships of knowledge and practice: Teacher learning in communities. *Review of Research in Education*, 24, 249—305.

Cole, A. L. (1999). Teacher educators and teacher education

reform: Individual commitments, institutional realities. *Canadian Journal of Education*, 24 (3), 281—295.

Craig, C. J. (2009). Trustworthiness in self—study research. In C. A. Lassonde, S. Galman, & C. Kosnik (Eds.), *Self—study research methodologies for teacher educators* (pp. 21 — 34). Rotterdam: Sense.

Day, C. (1999). *Developing teachers: The challenges of lifelong learning*. London: Falmer Press.

Day, C., & Sachs, J. (2004). Professionalism, performativity and empowerment: Discourses in the politics, policies and purposes of continuing professional development. In C. Day & J. Sachs (Eds.), *International handbook on the continuing professional development of teachers* (pp. 3 — 32). Maidenhead: Open University Press.

Dinkelman, T. (2003). Self—study in teacher education a means and ends tool for promoting reflective teaching. *Journal of Teacher Education*, 54 (1), 6—18.

Dinkelman, T., Margolis, J., & Sikkenga, K. (2006). From teacher to teacher educator: Experiences, expectations, and expatriation. *Studying Teacher Education*, 2 (1), 5—23.

Fletcher, T., Bullock, S. M., & Kosnik, C. (2012). An investigation into collaborative mentoring using self — study: Our processes and our learning. In J. R. Young, L. B. Erickson, & S. Pinnegar (Eds.), *The ninth international conference of self—study of teacher education practices* (pp. 102 — 105). Provo: Brigham Young University Press.

Gallagher, T., Griffin, S., Ciuffetelli Parker, D., Kitchen, J., & Figg, C. (2011). Establishing and sustaining teacher educator professional development in a self—study community of practice: Pre—tenure teacher educators developing professionally. *Teaching and Teacher Education*, 27, 880—890.

Garbett, D., & Ovens, A. (2012). Being a teacher educator:

体育教师教育的自学研究　　探索实践与理论之间的相互作用

Exploring issues of authenticity and safety through self — study. *Australian Journal of Teacher Education*, 37 (3), 43—56.

Ham, V. , & Kane, R. (2004). Finding a way through the swamp: A case for self—study as research. In J. J. Loughran, M. L. Hamilton, V. K. LaBoskey, & T. Russell (Eds.), *International handbook of self—study of teaching and teacher education practices* (pp. 103—150). Dordrecht: Kluwer.

Hargreaves, A. (2001). Emotional geographies of teaching. *The Teachers College Record*, 103 (6), 1056—1080.

Kelchtermans, G. , & Hamilton, M. L. (2004). The dialectics of passion and theory: Exploring the relation between self—study and emotion. In J. J. Loughran, M. L. Hamilton, V. K. LaBoskey, & T. Russell (Eds.), *International handbook of self — study of teaching and teacher education practices* (pp. 785 — 810). Dordrecht: Kluwer.

Kirk, D. (2013). Educational value and models—based practice in physical education. *Educational Philosophy and Theory*, 45 (9), 973—986.

Kosnik, C. , Cleovoulou, Y. , Fletcher, T. , Harris, T. , McGlynn — Stewart, M. , & Beck, C. (2011). Becoming teacher educators: An innovative approach to teacher educator preparation. *Journal of Education for Teaching*, 37 (3), 351—363.

Labaree, D. F.　(2004). *The trouble with ed schools*. New Haven: Yale University Press.

Lave, J. , & Wenger, E. (1991). *Situated learning: Legitimate peripheral participation* . New York: Cambridge University Press.

Loughran, J. J. (2006). *Developing a pedagogy of teacher education: Understanding teaching and learning about teaching*. London: Routledge.

Loughran, J. J. , & Northfield, J. (1998). A framework for the development of self — study practice. In M. L. Hamilton (Ed.), *Reconceptualizing teaching practice: Self—study in teacher education* (pp. 8—20). London: Falmer.

Macintyre Latta, M., & Buck, G. (2007). Professional development risks and opportunities embodied within self — study. *Studying Teacher Education*, 3 (2), 189—205.

Murray, J., & Male, T. (2005). Becoming a teacher educator: Evidence from the fi eld. *Teaching and Teacher Education*, 21 (2), 125—142.

Pennington, J. L., Brock, C. H., Abernathy, T. V., Bingham, A., Major, E. M., Wiest, L. R., & Ndura, E. (2012). Teacher educators' dispositions: Footnoting the present with stories from our past. *Studying Teacher Education*, 8 (1), 69—85.

Ritter, J. K. (2007). Forging a pedagogy of teacher education: The challenges of moving from classroom teacher to teacher educator. *Studying Teacher Education*, 3 (1), 5—22.

Ritter, J. K. (2011). On the affective challenges of developing a pedagogy of teacher education. *Studying Teacher Education*, 7 (3), 219—233.

Samaras, A. P., & Freese, A. R. (2009). Looking back and looking forward: An historical overview of the self—study school. In C. A. Lassonde, S. Galman, & C. Kosnik (Eds.), *Self — study research methodologies for teacher educators* (pp. 3—20). Rotterdam: Sense.

Skerrett, A. (2008). Biography, identity, and inquiry: The making of teacher, teacher educator, and researcher. *Studying Teacher Education*, 4 (2), 143—156.

Tinning, R. (1991). Teacher education pedagogy: Dominant discourses and the process of problem setting. *Journal of Teaching in Physical Education*, 11 (1), 1—20.

Tinning, R. (2002). Toward a 'modest pedagogy': Reflections on the problematics of critical pedagogy. *Quest*, 54 (3), 224—240.

Van Veen, K., & Lasky, S. (2005). Emotions as a lens to

explore teacher identity and change: Different theoretical approaches. *Teaching and Teacher Education*, 21 (8), 895—898.

Wenger, E. (1998). *Communities of practice: Learning, meaning, and identity*. New York: Cambridge University Press.

Williams, J., & Ritter, J. K. (2010). Constructing new professional identities through selfstudy: From teacher to teacher educator. *Professional Development in Education*, 36 (1—2), 77—92.

Williams, J., Ritter, J. K., & Bullock, S. M. (2012). Understanding the complexity of becoming a teacher educator: Experience, belonging, and practice within a professional learning community. *Studying Teacher Education*, 8 (3), 245—260.

Zeichner, K. M. (2005). Becoming a teacher educator: A personal perspective. *Teaching and Teacher Education*, 21 (2), 117—124.

Zembylas, M. (2003). Emotions and teacher identity: A poststructural perspective. *Teachers and Teaching: Theory and Practice*, 9 (3), 213—238.